考研政治
图图政道

首轮复习就用它
提高效率抓重点

加 宁◎主编

思 想 政 治
惟 妙 惟 肖
导 师 加 宁
图 强 奋 发

北京航空航天大学出版社

内容简介

本书是适用于考研考生的政治复习辅导用书，严格按照最新考试大纲编写而成。全书将考研政治各章节的内容提炼为逻辑框架图，通过思维导图的形式，帮助考生快速熟悉知识点，掌握考点，强化知识系统，加强知识点衔接，提高应试能力，从而在实际考试中取得良好的成绩。

图书在版编目（CIP）数据

图图政道 / 加宁主编 . -- 北京 : 北京航空航天大学出版社 , 2021.3
ISBN 978-7-5124-3470-7

Ⅰ . ①图… Ⅱ . ①加… Ⅲ . ①政治理论—研究生—入学考试—自学参考资料 Ⅳ . ① D0

中国版本图书馆 CIP 数据核字 (2021) 第 042636 号

图图政道

加　宁　主编
策划编辑　舟　宇
责任编辑　崔昕昕
*
北京航空航天大学出版社出版发行
北京市海淀区学院路 37 号（邮编 100191）　http: //www.buaapress. com. cn
发行部电话：（010）82317024　传真：（010）82328026
读者信箱：bhjiaopei@163.com　邮购电话：（010）82316936

保定市中画美凯印刷有限公司印装　各地书店经销

*
开本：787 × 1 092　1/16　印张：7.25　字数：159 千字
2021 年 3 月第 1 版　2021 年 9 月第 5 次印刷
ISBN 978-7-5124-3470-7　定价：33.00 元

目 录

一、马克思主义基本原理概论

马原整体框架

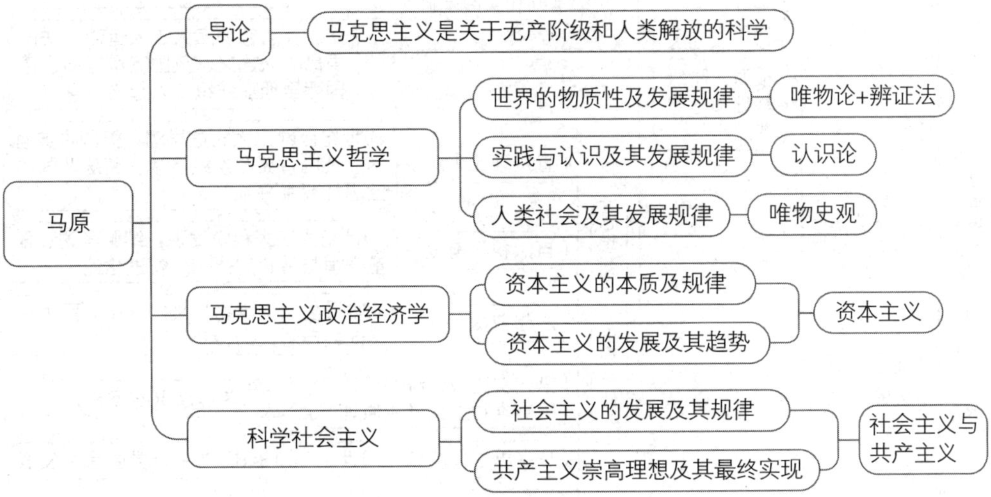

- 马克思主义是关于无产阶级和人类解放的科学（导论）
  - 马克思主义的创立与发展
    - 马克思主义和马克思主义的基本原理
      - 由马克思、恩格斯创立，他们的后继者发展的科学理论体系，是关于无产阶级和人类解放的学说
      - 马克思主义基本原理是对马克思主义立场、观点、方法的集中概括
        - 基本立场（根本立足点和出发点）
        - 基本观点（科学认识、科学总结）
        - 基本方法（指导正确认识世界和改造世界的思想方法和工作方法）
    - 马克思主义的创立
      - 马克思主义产生的社会根源、阶级基础和思想渊源
        - 社会根源（客观条件）
          - 资本主义经济的发展
          - 资本主义固有矛盾的发展
        - 阶级基础和实践基础（现实需求）
          - 无产阶级反对资产阶级的斗争日趋激化
          - 法、英、德的三大工人运动：法国里昂工人起义、英国宪章运动、德国西里西亚纺织工人起义
        - 思想渊源（主观条件）
          - 直接理论来源
            - 19世纪西欧三大先进思潮：德国古典哲学、英国古典政治经济学、英法两国的空想社会主义
          - 自然科学前提
            - 19世纪的三大科学发现：细胞学说、能量守恒与转化定律、生物进化论
          - 思想前提
            - 从唯心主义向唯物主义、从革命民主主义向共产主义的转变
          - 第一次比较系统地阐述了历史唯物主义基本原理
            - 《德意志意识形态》
          - 马克思主义的公开问世
            - 1848年《共产党宣言》发表
          - 《资本论》被誉为“工人阶级的圣经”
      - 根本原因
        - 马克思对所处时代和世界的深入考察
        - 对人类社会发展规律的深刻把握
      - 成果及评价
        - 创立了唯物史观和剩余价值学说
          - 马克思一生的两个伟大发现
        - 揭示了人类社会发展的一般规律，揭示了资本主义运行的特殊规律
        - 为人类指明了从必然王国向自由王国飞跃的途径，为人民指明了实现自由和解放的道路
        - 把社会主义由空想变为科学，实现了人类思想史上的伟大革命
    - 马克思主义的发展
      - 列宁对马克思主义的丰富和发展
        - 社会主义革命可能在一国或数国首先取得胜利
        - 俄国十月革命的胜利，社会主义从理论变为现实
      - 中国共产党对马克思主义的丰富和发展
        - 毛泽东思想
        - 中国特色社会主义理论体系
  - 马克思主义的鲜明特征 ⊕
  - 马克思主义的当代价值 ⊕
  - 自觉学习和运用马克思主义 ⊕

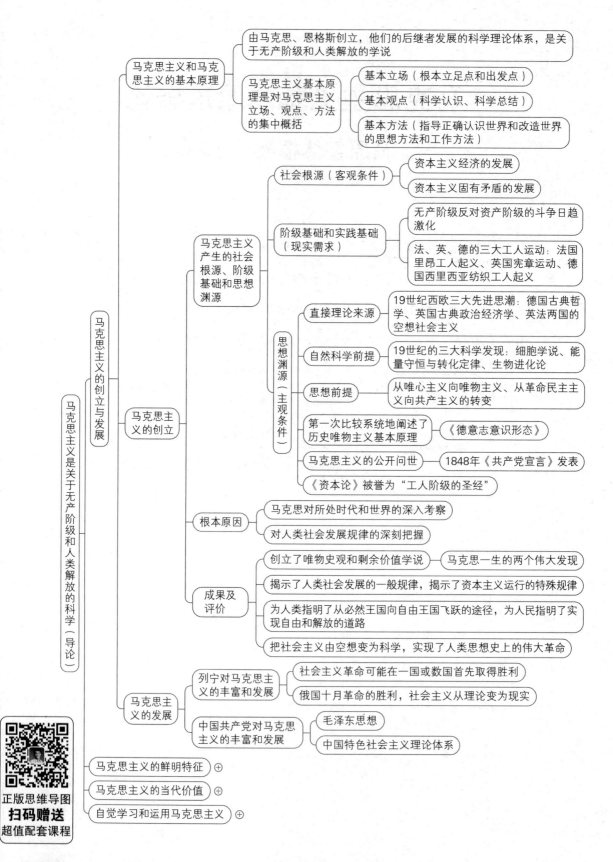

马克思主义是关于无产阶级和人类解放的科学（导论）

- 马克思主义的创立与发展 ⊕
- 马克思主义的鲜明特征
  - 科学性：马克思主义是对自然、社会和人类思维发展本质和规律的正确反映
  - 革命性：集中表现为它的彻底的批判精神和鲜明的无产阶级立场
  - 人民性：是马克思主义的政治立场
  - 实践性：实践观点是马克思主义首要的和基本的观点
  - 发展性：马克思主义具有与时俱进的理论品质，马克思主义是不断发展的学说
- 马克思主义的当代价值
  - 观察当代世界变化的认识工具
  - 指引当代中国发展的行动指南
  - 引领人类社会进步的科学真理
- 自觉学习和运用马克思主义
  - 努力学习和掌握马克思主义的基本立场、观点、方法
  - 坚持理论联系实际的马克思主义学风
  - 自觉将马克思主义内化于心、外化于行

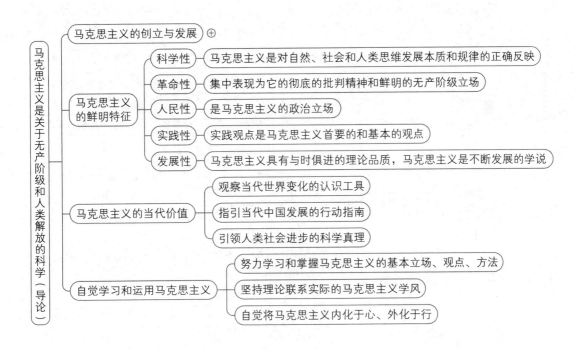

- 世界多样性与物质统一性（唯物论）
  - 哲学的基本问题
    - 第一方面：存在和思维的关系问题，即物质和精神何者是第一性、何者是第二性的问题
      - 唯物主义
      - 唯心主义
    - 第二方面：思维能否正确认识存在，即存在和思维有无同一性的问题
      - 可知论
      - 不可知论
  - 唯物主义和唯心主义的不同历史形态
    - 唯物主义
      - 基本观点：把世界的本原归结为物质，主张物质第一性，意识第二性
      - 历史形态
        - 古代朴素唯物主义（物质具体形态）
        - 近代形而上学唯物主义（把物质归结为原子）
        - 辩证唯物主义和历史唯物主义
          - 马克思主义哲学（唯物论和辩证论、唯物主义自然观和唯物主义历史观的统一）
    - 唯心主义
      - 基本观点：把世界的本原归结为精神，主张意识第一性，物质第二性
      - 主要形式
        - 主观唯心主义：把主观精神（人的感觉、经验、观念、意志、心等）作为世界的本原（唯我论）
        - 客观唯心主义：把某种脱离任何个人的精神变为独立的存在，把它作为世界的本原和万物的创造者（如上帝、黑格尔的“绝对精神”等）
  - 哲学的重要问题
    - 辩证法和形而上学
      - 辩证法坚持用全面的、联系的、发展的观点看世界，认为发展的根本原因在于失误的内部矛盾
      - 形而上学坚持用孤立的、片面的、静止的观点看问题，否认事内部矛盾的存在和作用
  - 物质及其存在形态
    - 物质
      - 物质和物质范畴
        - 所谓物质，就是不依赖于人类的意识而存在，并能为人类的意识所反映的客观存在
        - 物质的唯一特性是客观实在性
        - 物质范畴是对物质世界多样性和统一性所作的最高的哲学概括
      - 马克思主义物质观的理论意义
        - 坚持了唯物主义一元论
        - 坚持了能动的反映论和可知论
        - 体现了唯物论和辩证论的统一
        - 体现了唯物主义自然观和唯物主义历史观的统一
    - 物质的存在形态 ⊕
    - 实践是自然存在与社会存在区分和统一的基础 ⊕
  - 物质与意识的辩证关系 ⊕
  - 世界的物质统一性 ⊕

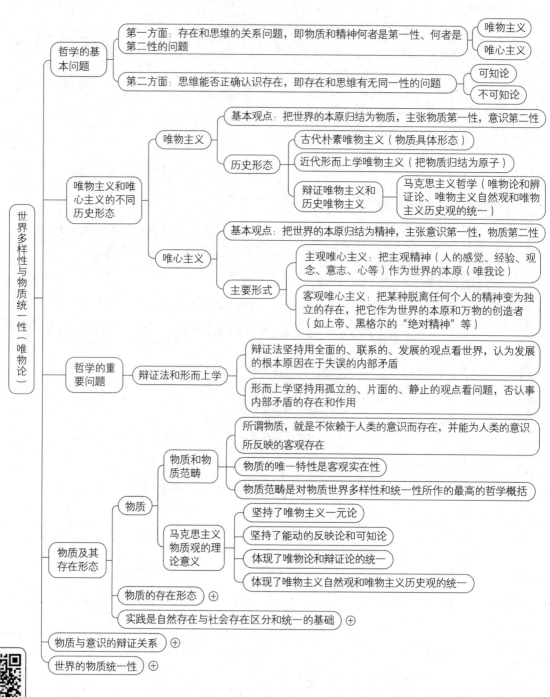

- 世界多样性与物质统一性（唯物论）
  - 哲学的基本问题 ⊕
  - 唯物主义和唯心主义的不同历史形态 ⊕
  - 哲学的重要问题 ⊕
  - 物质及其存在形态
    - 物质 ⊕
    - 物质的存在形态
      - 物质和运动
        - 运动的含义：标志一切事物和现象的变化及其过程的范畴，是物质根本属性
        - 物质和运动不可分割
          - 物质是运动的（不运动的物质——形而上学）
          - 运动是物质的运动（无物质的运动——唯心主义）
        - 物质运动形式的多样性
      - 运动和静止
        - 静止的含义：静止是物质运动在一定条件下的稳定状态
        - 运动和静止的关系
          - 对立
            - 运动是绝对的、无条件的
            - 静止是相对的、有条件的
          - 统一（静止是运动的特殊形态；动中有静，静中有动）
      - 物质运动和时间、空间
        - 时间：一维性
        - 空间：三维性
        - 时空是绝对的，又是相对的
        - 时空是有限的，又是无限的
    - 实践是自然存在与社会存在区分和统一的基础
      - 实践是使物质世界分化为自然界与人类社会的历史前提，又是使自然界与人类社会统一起来的现实基础
      - 实践是人类社会的基础
      - 社会生活的实践性主要表现在
        - 实践是社会关系形成的基础
        - 实践形成了社会生活的基本领域
        - 实践构成了社会发展的动力
  - 物质与意识的辩证关系
    - 物质决定意识
      - 物质决定意识，意识依赖于物质并反作用于物质
      - 意识的起源和本质
        - 起源
          - 意识是自然界长期发展的产物，它的形成经历了三个发展阶段
            - 由一切物质所具有的反应特性
            - 低等生物的刺激感应性
            - 高等动物的感觉和心理
          - 意识是社会历史的产物，劳动起了决定性的作用
        - 本质
          - 人脑的机能和属性（是物质的产物，但又不是物质本身）
          - 意识是物质世界的主观映象，是客观内容和主观形式的统一（在内容上是客观的，在形式上是主观的）
    - 意识对物质具有反作用（意识能动作用）的表现
      - 目的性和计划性(表现出主体的选择性)
      - 创造性（能加工制作感性材料，在思维中构造一个现实中没有的理想世界）
      - 指导实践，改造客观世界
      - 调控人的行为和生理活动
    - 主观能动性和客观规律性的统一 ⊕
  - 世界的物质统一性 ⊕

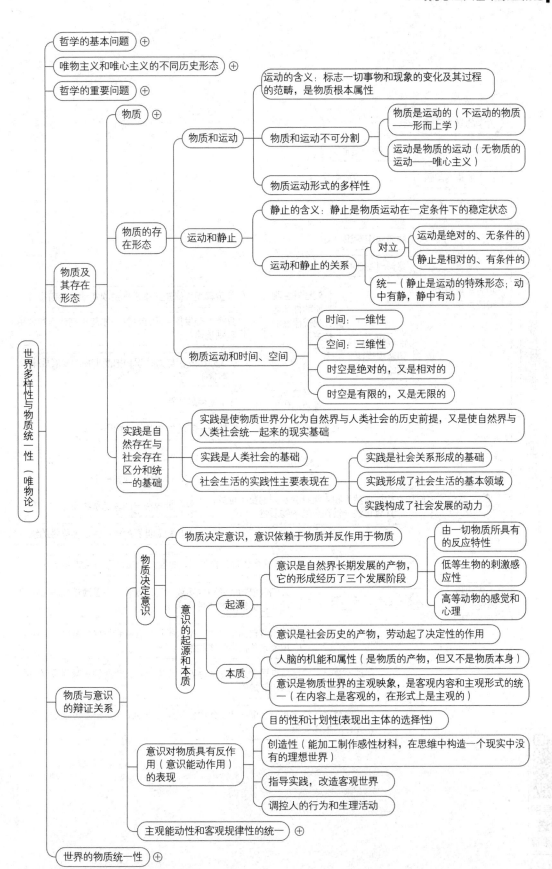

- 世界多样性与物质统一性（唯物论）
  - 哲学的基本问题 ⊕
  - 唯物主义和唯心主义的不同历史形态 ⊕
  - 哲学的重要问题 ⊕
  - 物质及其存在形态 ⊕
  - 物质与意识的辩证关系
    - 物质决定意识 ⊕
    - 意识对物质具有反作用 ⊕
    - 主观能动性和客观规律性的统一
      - 处理好主观能动性和客观规律性的关系
        - 尊重客观规律是正确发挥主观能动性的前提
        - 只有充分发挥主观能动性，才能正确认识和利用客观规律
      - 正确发挥主观能动作用
        - 从实际出发，努力认识和把握事物的发展规律（前提）
        - 基本途径是实践
        - 依赖于一定的物质条件和物质手段
  - 世界的物质统一性
    - 原理：包括自然界和人类社会在内的整个世界，其真正统一性在于它的物质性
      - 世界的本原是一个
      - 世界统一的基础是物质
      - 物质世界的统一性是多样性的统一
    - 人类社会统一于物质
      - 人类社会依赖于自然界，是整个物质世界的组成部分
      - 人们谋取物质资料的实践活动是以物质力量改造物质力量的活动，仍然是物质性的活动
      - 物质资料的生产方式是人类社会存在和发展的基础，集中体现着人类社会的物质性
    - 意义
      - 理论意义：它是马克思主义哲学的基石，马克思主义哲学的一系列原理和原则都是以此为根据和前提的
      - 实践意义：它是我们从事一切工作的立足点，一切从实际出发是唯物主义一元论的根本要求

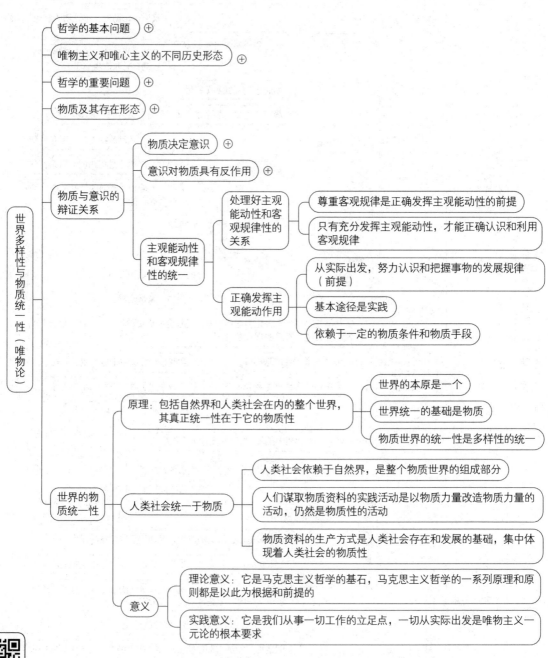

- 辩证法
  - 事物的联系和发展
    - 联系和发展的普遍性
      - 事物的普遍联系
        - 联系的含义：事物内部各要素之间和事物之间相互影响、相互制约和相互作用的关系
        - 联系的特点：客观性（联系观点上的唯物论）、普遍性（三层含义）、多样性、条件性
        - 方法论意义：要求人们要善于分析事物的具体联系，确立整体性、开放性的观念，从动态中考察事物的普遍联系
      - 事物的变化发展
        - 运动、变化与发展
          - 概括一切形式的变化就是运动
          - 运动变化的基本趋势是发展
          - 发展是前进上升的运动
        - 发展的实质：新事物的产生和旧事物的灭亡
        - 事物发展的过程
          - 一切事物只有经过一定的过程才能实现自身的发展
          - 发展的过程从形式上看，是事物在时间上的持续性和空间上的广延性的交替
          - 发展的过程从内容上看，是事物在运动形式、形态、结构、功能和关系上的更新
        - 发展的过程性理论的意义
          - 用历史的眼光看问题，把一切事物如实地看做变化、发展的过程
          - 实施创新驱动发展战略，推进全面深化改革
    - 联系和发展的基本环节 ⊕
    - 对立统一规律是事物发展的根本规律 ⊕
    - 量变质变规律和否定之否定规律 ⊕
  - 唯物辩证法是认识世界和改变世界的根本方法 ⊕

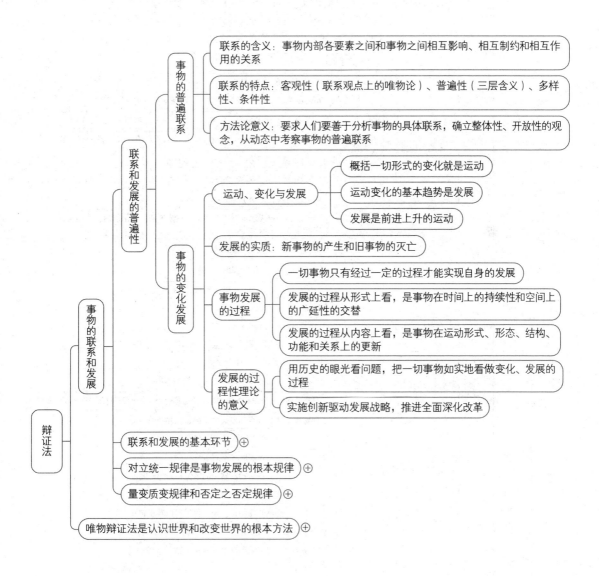

- 辩证法
  - 事物的联系和发展
    - 联系和发展的普遍性 ⊕
    - 联系和发展的基本环节（五对范畴）
      - 内容与形式
        - 内容是构成事物一切要素的总和，是事物存在的基础
        - 形式是把诸要素统一起来的结构或变现内容的方式
        - 对于任何一个具体事物来说，内容与形式具有确定的差别
        - 任何内容都有一定的形式，任何形式都有一定的内容
        - 内容决定形式，形式反作用于内容
        - 既要重视内容，反对形式主义
        - 又要善于运用形式，发挥其积极作用
      - 本质与现象
        - 含义
          - 本质是事物的根本性质，是构成事物的诸要素之间的内在联系
          - 现象是事物的外部联系和表面特征，是事物本质的外在表现
        - 关系
          - 对立
            - 现象是表面的、外显的，是个别的、具体的、多变易逝的
            - 本质是一般的，普遍的，是相对稳定的，深藏于事物的内部
          - 统一
            - 任何本质都是通过现象表现出来
            - 任何现象都从一定的方面表现着本质（假象也是本质的表现）
        - 意义
          - 能够通过现象认识事物的本质（统一）
          - 必须透过现象揭示本质（对立）（具体方法：去粗取精、去伪存真、由此及彼、由表及里）
      - 原因与结果
        - 含义
          - 引起某种现象的现象叫原因
          - 被某种现象所引起的现象叫结果
        - 关系
          - 原因与结果的区分既是确定的又是不确定的
          - 原因与结果相互作用
          - 原因与结果互相渗透
          - 原因与结果的关系复杂多样（一因多果、同因异果、一果多因、异因同果、多因多果、复合因果）
        - 意义
          - 可以增强人们活动的自觉性、预测性和调控性
      - 必然与偶然
        - 含义
          - 必然是指事物联系和发展中确定不够的趋势，在一定条件下具有不可避免性
          - 偶然是指事物联系和发展中不确定的趋势
        - 关系
          - 对立区别
            - 产生和形成的原因不同
            - 表现形式不同
            - 在事物发展中的地位和作用不同
          - 统一
            - 必然与偶然相互依存
            - 必然与偶然在一定条件下可以互相转化
        - 意义
          - 要善于从偶然中发现必然，把握有利于事物发展的机遇
      - 现实与可能
        - 含义
          - 现实是指相互联系着的实际存在的事物的综合
          - 可能是包含在事物中并预示事物发展前途的种种趋势
        - 关系
          - 现实与可能相互区别
          - 现实与可能在一定条件下相互转化
        - 意义
          - 注意分析事物发展的各种可能，发挥主观能动性，做好应对不利情况的准备，争取实现好的可能
    - 对立统一规律是事物发展的根本规律 ⊕
    - 量变质变规律和否定之否定规律 ⊕
  - 唯物辩证法是认识世界和改造世界的根本方法 ⊕

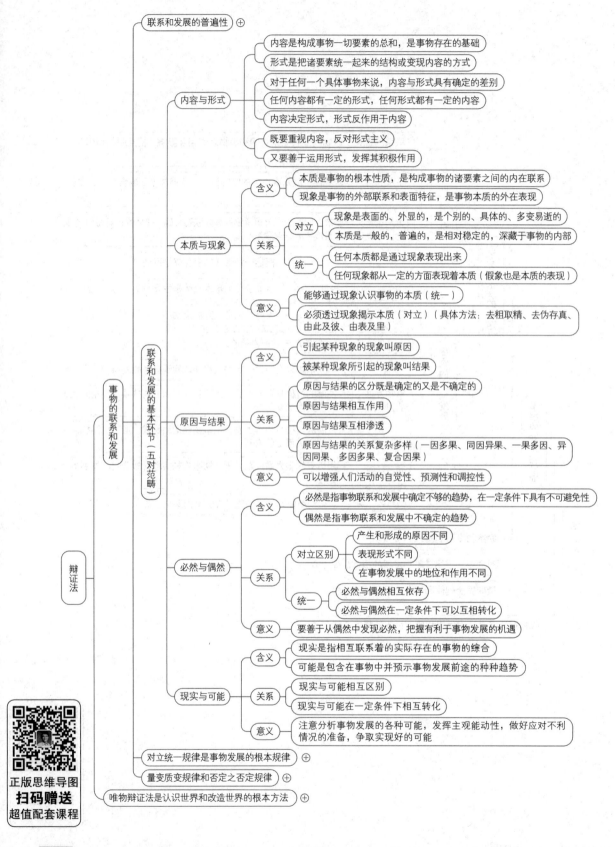

- 辩证法
  - 事物的联系和发展
    - 联系和发展的普遍性
    - 联系和发展的基本环节
    - 对立统一规律是事物发展的根本规律
      - 矛盾的同一性和斗争性及其在事物发展中的作用
        - 矛盾及其基本属性
          - 定义：矛盾是指事物内部和事物之间的对立统一关系（矛盾即对立统一）
          - 斗争性：矛盾着的对立面之间相互排斥、相互分离的性质和趋势
          - 同一性：矛盾双方相互依存、相互贯通的性质和趋势
        - 同一性与斗争性的关系
          - 区别
            - 斗争性是无条件的绝对的
            - 同一性是有条件的相对的
          - 联系
            - 同一性不能脱离斗争性而存在，同一性是包含差别和对立的同一
            - 斗争性也不能脱离同一性而存在，斗争性寓于同一性之中
          - 方法论意义
            - 必须从对立中把握同一，从同一中把握对立
        - 同一性与斗争性在事物发展中的作用
          - 有条件的相对的同一性和无条件的绝对的斗争性相结合，构成了事物的矛盾运动，推动着事物的发展
          - 斗争性
            - 推动矛盾双方力量对比发生变化，为对立面的转化、事物的质变创造条件
            - 是一种矛盾统一体向另一种矛盾统一体过渡的决定力量
          - 同一性
            - 是事物存在和发展的前提，矛盾双方可以利用对方的发展使自己获得发展
            - 相互吸取有利于自身的因素，在相互作用中各自得到发展
            - 向着自己的对立面转化而得到发展，并规定着事物发展的方向
        - 方法论意义
          - 事物的发展不仅表现为“相反相成”，而且表现为“相辅相成”
          - 和谐是矛盾的一种特殊表现形式（并不意味着矛盾的绝对同一）
      - 矛盾的普遍性和特殊性及其相互关系
        - 矛盾的普遍性和特殊性
          - 矛盾的普遍性：矛盾无处不在，无时不有
          - 矛盾的特殊性：各个具体事物的矛盾及每一个矛盾的各个方面在发展的不同阶段上各有特点（具体问题具体分析）
            - 不同事物的矛盾各有其特点
            - 同一事物的矛盾在不同发展过程和发展阶段各有不同特点
            - 构成事物的诸多矛盾以及每一矛盾的不同方面各有不同的性质、地位和作用
          - 矛盾的不平衡性
            - 根本矛盾和非根本矛盾：根本矛盾贯穿事物发展过程的始终，规定着事物的性质
            - 主要矛盾和次要矛盾：主要矛盾是矛盾体系中处于支配地位，对事物发展起决定作用的矛盾
            - 矛盾的主要方面与次要方面：事物的性质是由主要矛盾的主要方面所规定的
            - 方法论意义：坚持“两点论”和“重点论”的统一
        - 二者关系（辩证统一）
          - 矛盾的共性是无条件的、绝对的，矛盾的个性是有条件的、相对的
          - 任何现实存在的事物都是共性和个性的有机统一，共性寓于个性之中，没有离开个性的共性，也没有离开共性的个性
        - 普遍性和特殊性辩证关系原理的意义：马克思主义的普遍真理同各国的具体实际相结合的哲学基础
    - 量变质变规律和否定之否定规律
  - 唯物辩证法是认识世界和改造世界的根本方法

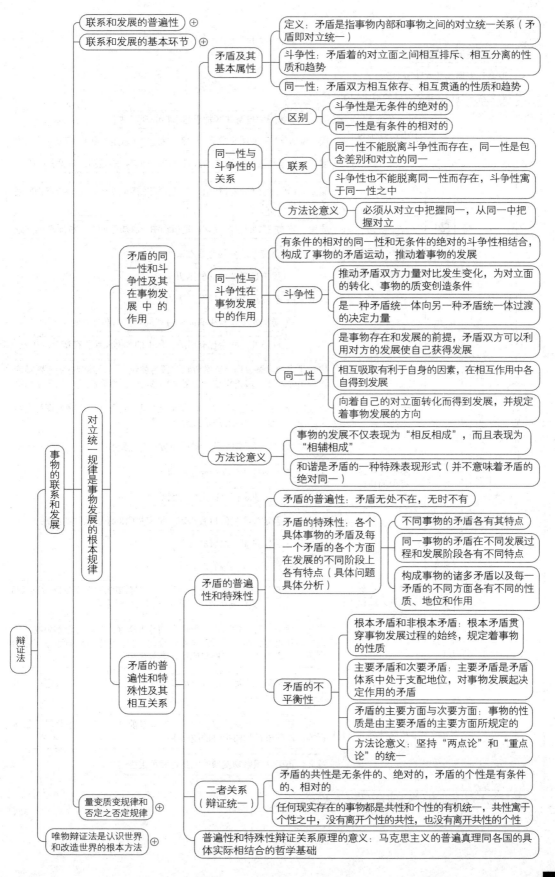

- 辩证法
  - 事物的联系和发展
    - 联系和发展的普遍性 ⊕
    - 联系和发展的基本环节 ⊕
    - 对立统一规律是事物发展的根本规律 ⊕
    - 量变质变规律和否定之否定规律
      - 量变质变规律
        - 事物存在的质、量、度
          - 质：一事物成为自身并区别于它事物的规定性
          - 量：事物存在和发展的规模、程度、速度等可以用数量关系表示的规定性
          - 度：保持事物质的稳定性的数量界限，即事物的范围、幅度和范围
        - 量变和质变及其辩证关系
          - 量变：事物数量的增减和组成要素排列次序的变动，是保持事物的质的相对稳定的不显著的变化
          - 质变：事物性质的根本变化，是事物由一种质态向另一种质态的飞跃
          - 关系
            - 量变是质变的必要准备
            - 质变是量变的必然结果
            - 量变和质变是相互渗透的
            - 总的量变过程中有阶段性和局部性的部分质变
            - 在质变过程中也有旧质在量上的收缩和新质在量上的扩张
        - 方法论意义
          - 揭示了事物发展过程是连续性和阶段性的统一，是我们党的不断革命论与革命发展阶段论相统一、最高纲领与最低纲领相统一的哲学依据
          - 是我们分析社会发展形式的基本理论工具，对于我们正确处理社会主义改革、发展、稳定的关系具有指导意义
          - 是指导我们从事一切实践活动的重要思想原则
      - 否定之否定规律
        - 事物发展过程中的肯定和否定
          - 肯定因素：维持现存事物存在的因素
          - 否定因素：促使现存事物灭亡的因素
        - 辩证否定观及其方法论意义
          - 内容
            - 否定是事物的自我否定，是事物内部矛盾运动的结果
            - 否定是事物发展的环节
            - 否定是新旧事物联系的环节
            - 辩证否定的实质是“扬弃”，即新事物对旧事物既批判又继承，既克服其消极因素又保留其积极因素
          - 方法论意义：对一切事物采取科学的分析态度，要同时看到事物的肯定方面和否定方面，在肯定中看到否定，在否定中看到肯定（“古为今用”“洋为中用”“取其精华，弃其糟粕”）
        - 否定之否定规律及其意义
          - 原理：两次否定（每一次否定都是质变）、三个阶段（“肯定——否定——否定之否定”）、一个周期
          - 形式：螺旋式上升或波浪式前进（方向是前进上升的，道路是迂回曲折的，是前进性和曲折性的统一）
          - 意义：正确认识事物发展的曲折性和前进性
  - 唯物辩证法是认识世界和改造世界的根本方法 ⊕

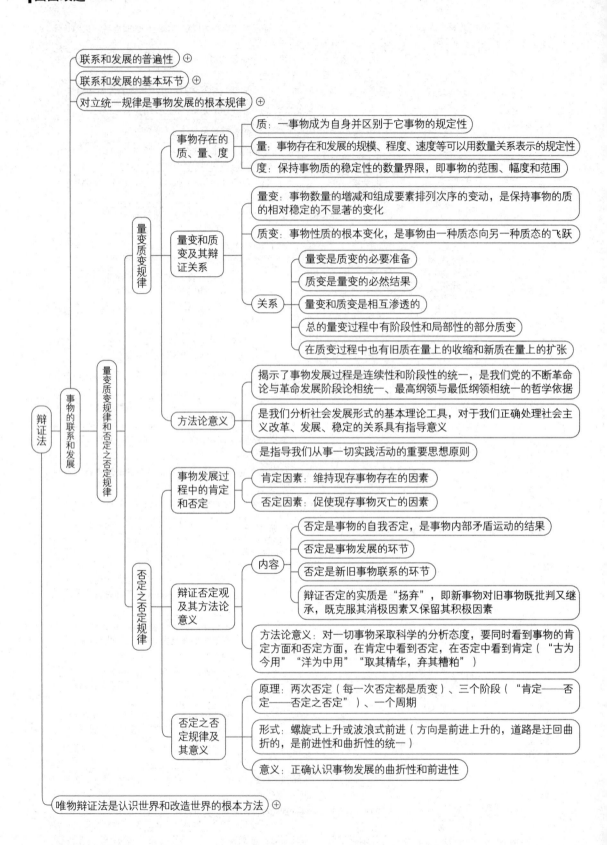

- 辩证法
  - 事物的联系和发展 ⊕
  - 唯物辩证法是认识世界和改造世界的根本方法
    - 唯物辩证法是客观辩证法与主观辩证法的统一
      - 客观辩证法：客观事物或客观存在的辩证法
      - 主观辩证法：人类认识和思维运动的辩证法（概念辩证法）
      - 关系：主观辩证法是客观辩证法在人的思维中的反映，两者在本质上是统一的，但在表现形式上是不同的（是反映与被反映的关系）
    - 矛盾分析法是根本的认识方法
      - 把握矛盾普遍性与特殊性相统一的方法，“两点论”与“重点论”相结合的方法，在对立中把握同一与在同一中把握对立的方法，批判与继承相统一的方法等（根本的是具体问题具体分析）
    - 辩证思维的主要方法
      - 归纳与演绎
      - 分析与综合
      - 抽象与具体
      - 逻辑与历史
- 认识论
  - 实践与认识
    - 实践的本质与基本结构
      - 本质：实践是人类能动地改造世界的客观物质性活动
      - 基本特征
        - 直接现实性
        - 自觉能动性
        - 社会历史性
      - 实践活动：以改造客观世界为目的、主体与客体之间通过一定的中介发生相互作用的过程
      - 基本结构
        - 主体：具有一定的主体能力、从事现实社会实践活动的人
        - 客体：实践活动所指向的对象
        - 中介：各种形式的工具、手段以及运用、操作这些工具、手段的程序和方法
        - 实践主体和客体相互作用的关系
          - 实践关系（最根本的关系）
          - 认识关系
          - 价值关系
        - 主体客体化与客体主体化的双向运动是人类实践活动两个不可分割的方面
      - 基本类型
        - 物质生产实践
        - 社会政治实践
        - 科学文化实践
    - 实践在认识活动中的决定作用
      - 实践是认识的来源
      - 实践是认识发展的动力
      - 实践是认识的目的
      - 实践是检验认识真理性的唯一标准
    - 认识的本质
      - 唯物主义反映论与唯心主义先验论的对立
        - 唯物主义反映论：从物到感觉和思想
        - 唯心主义先验论：从思想和感觉到物
      - 辩证唯物主义能动反映论与旧唯物主义直观反映论的区别：辩证唯物主义认识论把实践的观点引入认识论，把辩证法应用于反映论
      - 认识的本质是主体在实践基础上对客体的能动反映
        - 摹写性
        - 创造性
    - 认识的过程 ⊕
    - 实践与认识的辩证运动及其规律 ⊕
  - 认识世界和改造世界 ⊕
  - 真理与价值 ⊕

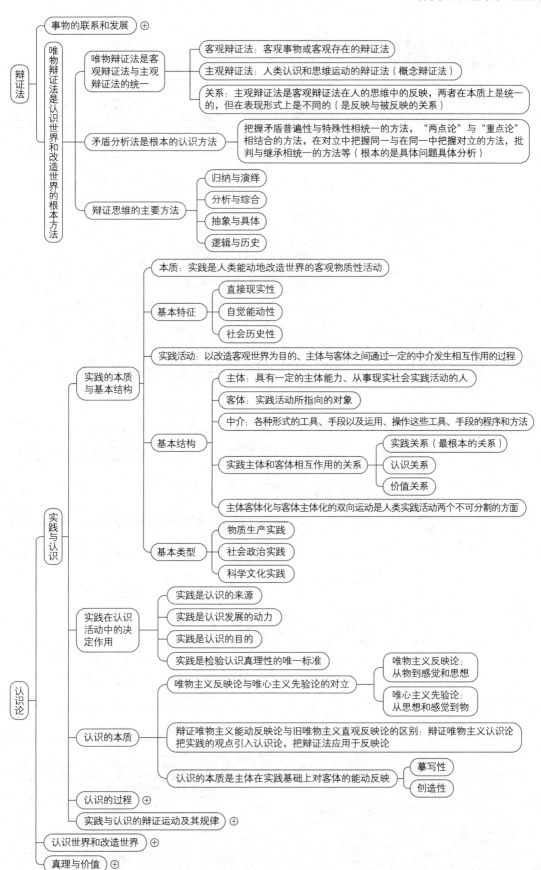

- 认识论
  - 实践与认识
    - 实践的本质与基本结构 ⊕
    - 实践在认识活动中的决定作用 ⊕
    - 认识的本质 ⊕
    - 认识的过程
      - 从实践到认识（第一次飞跃）
        - 感性认识与理性认识的含义
          - 感性认识：包括感觉、知觉、表象三种形式（直接性）
          - 理性认识：包括概念、判断、推理三种形式（抽象性、间接性）
        - 感性认识与理性认识的关系
          - 区别：在内容和形式上都有质的区别（“熟知不等于真知”）
          - 联系
            - 感性认识和理性认识互相依存：理性认识依赖于感性认识，感性认识有待于发展深化为理性认识
            - 感性认识和理性认识互相渗透、互相包含
        - 感性认识与理性认识的关系原理的意义
          - 理论上反对唯理论和经验论
          - 实践上反对教条主义和经验主义
        - 实现飞跃的条件
          - 获取丰富和合乎实际的感性材料
          - 运用辩证思维的科学方法，对感性材料进行制作加工（具体方法：去粗取精、去伪存真、由此及彼、由表及里）
        - 认识过程中的理性因素和非理性因素
          - 含义
            - 理性因素：人的理性直观、理性思维等能力
            - 非理性因素：人的情感、意志（还包括联想、想象、猜测、直觉、顿悟、灵感等）
          - 作用
            - 理性因素的作用：指导、解释、预见
            - 非理性因素的作用：激活、驱动、控制
      - 从认识到实践（第二次飞跃）
        - 必要性和重要性
          - 认识世界的目的是改造世界（实践的角度）
          - 认识的真理性只有在实践中才能得到检验和发展（认识的角度）
        - 飞跃的条件
          - 需要经过一定的中介环节，包括确定实践目的、形成实践理念、制定实践方案、进行中间实验、运用科学的实践方法等
    - 实践与认识的辩证运动及其规律
      - 认识运动的总规律：从实践到认识，再从认识到实践，实践、认识、再实践、再认识，认识运动不断反复和无限发展
      - 认识和实践的具体的历史的统一
        - 含义
          - 具体的：主观认识要同一定时间、地点、条件下的客观实践相符合
          - 历史的：主观认识要同特定历史发展阶段的客观实践相符合
        - 意义：避免犯保守（右倾）、冒进（“左”倾）的错误
  - 认识世界和改造世界
    - 认识世界和改造世界及其辩证关系
    - 改造客观世界和改造主观世界及其辩证关系
    - 从必然走向自由
      - 自由：人在活动中通过认识和利用必然所表现出的一种自觉自主的状态
      - 必然：不依赖于人的意识而存在的自然和社会发展所固有的客观规律
      - 自由与必然的关系
        - 认识必然，争取自由，是人类认识世界和改造世界的根本目标
        - 由必然到自由表现为人类不断地从必然王国走向自由王国的过程
        - 必然王国和自由王国是人类在客观世界面前所处的两种不同的社会活动状态
    - 一切从实际出发，实事求是
  - 真理与价值 ⊕

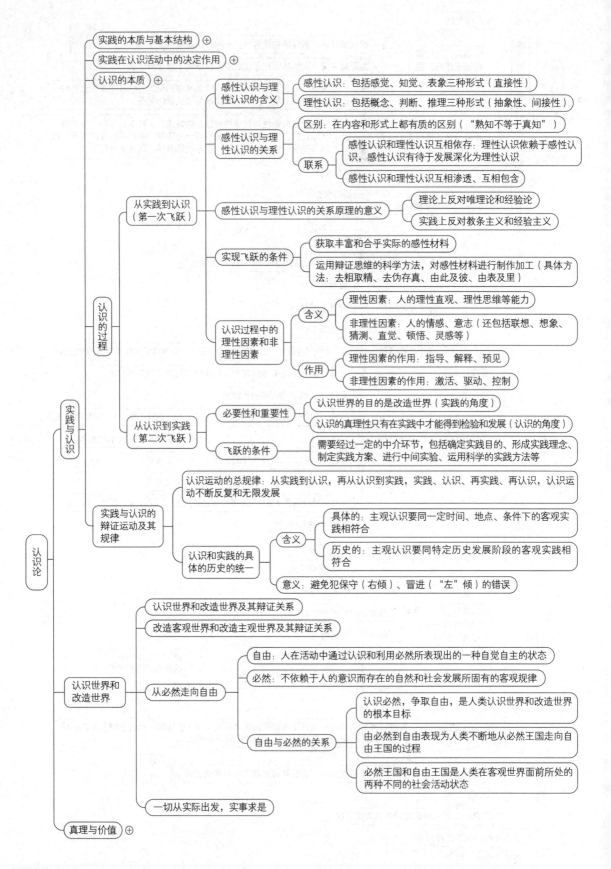

- 认识论
  - 实践与认识 ⊕
  - 认识世界和改造世界 ⊕
  - 真理与价值
    - 真理的客观性、绝对性和相对性
      - 真理是标志主观与客观相符合的哲学范畴，是对客观事物及其规律的正确反映（内容是客观的，形式是主观的）
      - 真理的客观性
        - 真理具有客观性，客观性是真理的本质属性
        - 真理的客观性决定了真理的一元性：在同一条件下对于特定认识客体的真理性认识只有一个
      - 真理的绝对性和相对性及其辩证关系
        - 含义
          - 绝对性：真理主客观统一的确定性和发展的无限性
          - 相对性：人们在一定条件下对客观事物及其本质和发展规律的正确认识是有限度的、不完善的
            - 从广度上说有待于扩展
            - 从深度上说有待于深化
        - 相互依存、相互包含：相对之中有绝对，绝对之中有相对
        - 辩证转化：真理永远处在由相对向绝对的转化和发展中，任何真理性的认识都是由相对真理向绝对真理转化过程中的一个环节
        - 意义：必须以科学的态度对待一切真理
          - 既要反对绝对主义（教条主义和思想僵化）
          - 又要反对相对主义（怀疑主义和诡辩论）
      - 真理与谬误
        - 对立统一关系
          - 在确定的对象和范围内，真理与谬误的对立是绝对的，真理和谬误存在着原则界限
          - 真理与谬误的对立又是相对的，真理在一定条件下能够转化为谬误，谬误在一定条件下能够向真理转化
        - 真理发展的规律：真理总是同谬误相比较而存在、相斗争而发展的
        - 坚持真理，修正错误，是马克思主义的一条基本原则
    - 真理的检验标准
      - 实践是检验真理的唯一标准
        - 原因
          - 是由真理的本性和实践的特点所决定的
          - 真理的本性是主观和客观的一致、符合，只有具有直接现实性的实践才能把主观认识同客观实在联系起来加以对照
        - 逻辑证明：在实践检验真理的过程中可以起到重要的补充作用，但不能取代实践作为检验真理的标准
      - 实践标准的确定性与不确定性
        - 确定性
          - 实践是检验真理的唯一标准
          - 经过实践证明的一切认识，都具有不可推翻的性质
          - 实践能够检验一切认识，即使当前的实践还不能加以判定，最终也会被以后的实践作出裁决
        - 不确定性
          - 一定历史阶段上的具体实践具有局限性
          - 实践检验真理是一个过程，不是一次完成的
          - 已被实践检验过的真理还要继续经受实践的检验
    - 真理和价值的辩证统一
      - 价值
        - 是在实践基础上形成的主体和客体之间的意义关系
        - 是客体对个人、群体乃至整个社会的生活和活动所具有的积极意义
      - 价值的特性：主体性、客观性、多维性、社会历史性
      - 价值评价及其特点
        - 评价以主客体的价值关系为认识对象
        - 评价结果与评价主体直接相关，受主体意志的影响
        - 评价结果的正确与否依赖于对客体状况和主体需要的认识
      - 价值观与核心价值观
      - 真理和价值在实践中的辩证统一
        - 成功的实践必然是以真理和价值的统一为前提的，是合规律性合目的性的统一
        - 价值尺度必须以真理为前提，而人类自身需要的内在尺度，推动着人们不断发现新的真理
        - 真理尺度和价值尺度的统一是具体的和历史的，随实践发展而不断发展到更高级的程度

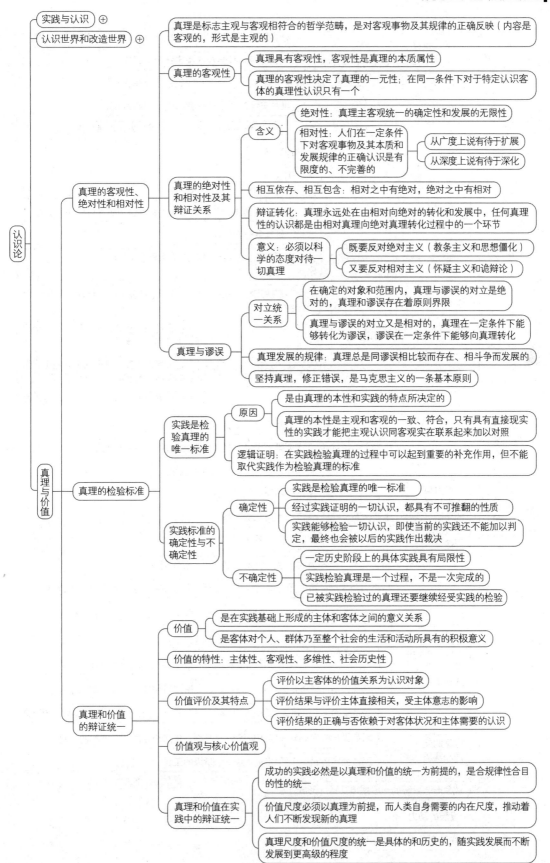

- 唯物史观
  - 社会基本矛盾及其运动规律
    - 社会存在与社会意识
      - 唯物史观与唯心史观的对立
        - 社会历史观的基本问题：社会存在与社会意识的关系问题
        - 唯物史观：社会存在决定社会意识
        - 唯心史观：社会意识决定社会存在
        - 唯物史观的创立是社会历史观的革命变革
      - 社会存在
        - 含义：主要包括自然地理环境、人口因素和物质生产方式
        - 自然地理环境
        - 人口因素
        - 物质生产方式：人们为获取物质生活资料而进行的生产活动的方式，是生产力和生产关系的统一（是社会历史发展的决定力量）
      - 社会意识
        - 含义：是社会存在的反映
        - 社会意识形态：主要包括政治法律思想（核心）、道德、艺术、宗教、哲学等
      - 辩证关系
        - 社会存在决定社会意识，社会意识是社会存在的反映，并反作用于社会存在
        - 社会意识的相对独立性
          - 社会意识与社会存在发展的不完全同步性和不平衡性
          - 社会意识内部各种形式之间的相互影响及各自具有的历史继承性
          - 社会意识对社会存在的能动的反作用
    - 生产力与生产关系的矛盾运动及其规律
      - 生产力
        - 生产力具有客观现实性和社会历史性
        - 基本要素：劳动资料（即劳动手段）、劳动对象、劳动者
        - 科学技术是生产力中的重要因素
      - 生产关系
        - 生产资料所有制关系
        - 生产中人与人的关系
        - 产品分配关系
      - 辩证关系：生产力决定生产关系，生产关系反作用于生产力
      - 生产力与生产关系的矛盾运动规律：生产关系一定要适合生产力状况的规律
    - 经济基础与上层建筑的矛盾运动及其规律
      - 经济基础：由社会一定发展阶段的生产力所决定的生产关系的总和
      - 上层建筑
        - 意识形态（观念上层建筑）
        - 政治法律制度及设施和政治组织（政治上层建筑）
      - 辩证关系：经济基础决定上层建筑，上层建筑反作用于经济基础
      - 经济基础与上层建筑矛盾运动规律：上层建筑一定要适合经济基础状况的规律
    - 国家的起源和实质
      - 国家是社会发展到一定历史阶段的产物，是阶级矛盾不可调和的产物
      - 国家的实质是一个阶级统治另一个阶级的工具
    - 社会形态更替的一般规律及特殊形式 ⊕
  - 社会历史发展的动力 ⊕
  - 人民群众在历史发展中的作用 ⊕

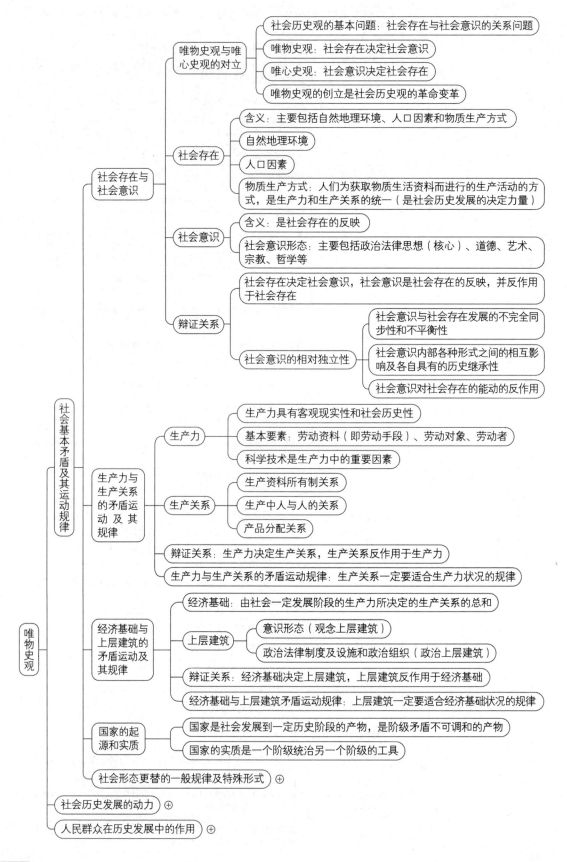

- 唯物史观
  - 社会基本矛盾及其运动规律
    - 社会存在与社会意识 ⊕
    - 生产力与生产关系矛盾运动及其规律 ⊕
    - 经济基础与上层建筑的矛盾运动及其规律 ⊕
    - 国家的起源和实质 ⊕
    - 社会形态更替的一般规律及特殊形式
      - 社会形态更替的统一性和多样性
        - 统一性是指人类的总体历史过程表现为五种社会形态（原始社会、奴隶社会、封建社会、资本主义社会和共产主义社会）的依次更替
        - 多样性是指不同国家可以超越一种或几种社会形态而跳跃式地向前发展，根源于社会发展的客观必然性与人们的历史选择性相统一的过程
      - 社会形态更替的必然性与人们的历史选择性
        - 必然性：社会形态依次更替的过程和规律是客观的
        - 选择性
          - 必然性提供了可能性空间
          - 主观能动性与客观规律性相统一
          - 归根到底是人民群众的选择性
      - 社会发展过程的曲折性：社会前进过程中所出现的反复、停滞和倒退现象（曲折前进是历史的普遍规律）
  - 社会历史发展的动力
    - 社会基本矛盾
      - 内容：生产力和生产关系、经济基础和上层建筑的矛盾是社会基本矛盾
      - 社会基本矛盾在历史发展中的作用
        - 社会基本矛盾是社会发展的根本动力
        - 生产力是社会基本矛盾运动中最基本的动力因素，是人类社会发展和进步的最终决定力量
        - 社会基本矛盾特别是生产力和生产关系的矛盾，决定着社会中其他矛盾的存在和发展
      - 社会主要矛盾
        - 处于支配地位，在社会发展过程一定阶段上起主导作用的矛盾
        - 社会主要矛盾是社会基本矛盾的具体体现
    - 阶级斗争
      - 阶级
        - 从起源上看：是一个历史范畴
        - 从本质上看：又是一个经济范畴
      - 阶级斗争
        - 根源于阶级之间物质利益的根本对立
        - 根源于社会经济关系的冲突
      - 作用：是社会基本矛盾在阶级社会中的直接表现，是阶级社会发展的直接动力
      - 阶级分析方法：运用马克思主义的阶级和阶级斗争观点去观察和认识阶级社会的社会历史现象
    - 社会革命
      - 实质：革命阶级推翻反动阶级的统治，用新的社会制度代替旧的社会制度，解放生产力，推动社会发展（革命的根本问题是国家政权问题）
      - 根源：社会基本矛盾的尖锐化
    - 改革
      - 性质：同一种社会形态发展过程中的量变和部分质变，是推动社会发展的又一重要动力
      - 作用：是在一定程度上解决社会基本矛盾，促进生产力发展，推动社会进步的有效途径和手段
    - 科学技术
      - 科学技术革命是推动经济和社会发展的强大杠杆
        - 对生产方式产生了深刻影响
        - 对生活方式产生了巨大影响
        - 促进了思维方式的变革
      - 科学技术像一把双刃剑，能造福于人类，但在运用于社会时所遇到的问题也越来越突出
  - 人民群众在历史发展中的作用 ⊕

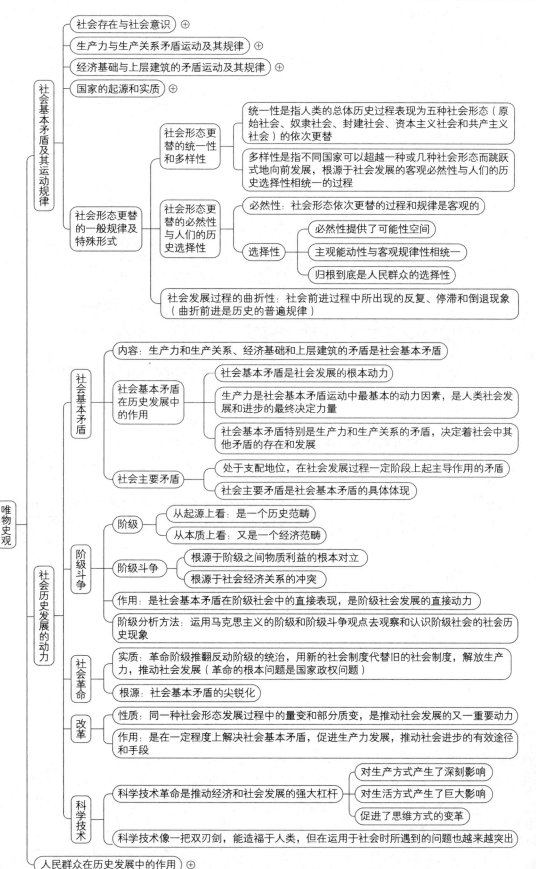

- 唯物史观
  - 社会基本矛盾及其运动规律 ⊕
  - 社会历史发展的动力 ⊕
  - 人民群众在历史发展中的作用
    - 人民群众是历史的创造者
      - 唯物史观与唯心史观的对立（在历史创造者问题上表现为群众史观与英雄史观的对立）
        - 英雄史观抹杀人民群众的历史作用，宣扬少数英雄人物创造历史
        - 群众史观承认人民群众创造历史
      - 人民群众在创造历史过程中的决定作用
        - 人民群众是社会物质财富的创造者
        - 人民群众是社会精神财富的创造者
        - 人民群众是社会变革的决定力量
      - 无产阶级政党的群众路线
        - 群众观点
          - 坚信人民群众自己解放自己的观点
          - 全心全意为人民服务的观点
          - 一切向人民群众负责的观点
          - 虚心向群众学习的观点
        - 群众路线：一切为了群众，一切依靠群众，从群众中来，到群众中去
    - 个人在社会历史中的作用
      - 杰出人物的历史作用
        - 是历史人物中对推动历史发展作出重要贡献或起重要作用的人
        - 对于人类科学文化的发展和社会进步有着巨大的推动作用，但都要受到社会发展客观规律的制约
        - 不能决定和改变历史发展的总进程和总方向
      - 任何历史人物的出现都体现了必然性与偶然性的统一
      - 评价历史人物的科学方法：历史分析方法和阶级分析方法

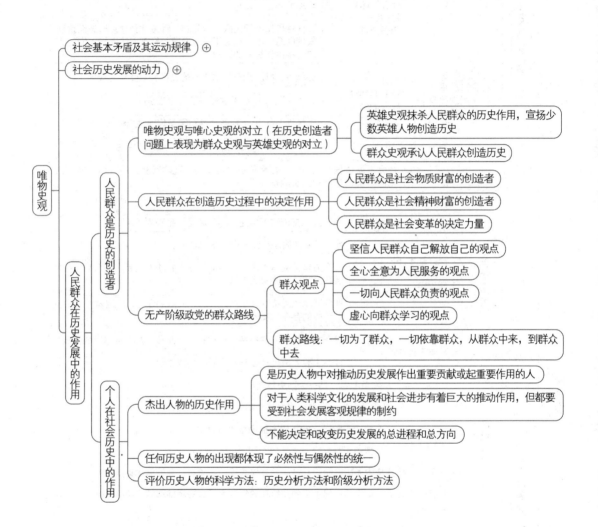

- 资本主义的本质及规律
  - 商品经济和价值规律
    - 自然经济
      - 生产是为了直接满足生产者个人或经济单位的需要
    - 商品经济产生的历史条件
      - 存在社会分工（是指社会劳动划分和独立化为不同部门和行业）
      - 生产资料和劳动产品属于不同所有者
    - 商品经济与自然经济的区别
      - 自然经济以使用价值为生产目的，商品经济以交换为生产目的
      - 交换体现了商品经济的本质
    - 商品
      - 含义
        - 商品是用来交换、能满足人的某种需要的劳动产品
      - 商品的二因素
        - 使用价值
          - 定义：满足人的某种需要的有用性，反映人与自然之间的物质关系
          - 性质：商品的自然属性
          - 特点：使用价值构成社会财富的物质内容
        - 价值
          - 定义：凝结在商品中的无差别的一般人类劳动
          - 性质：商品特有的社会属性
          - 特点
            - 只有物品是劳动产品并作为商品时才具有价值
            - 价值是交换价值的基础，交换价值是价值的表现形式
            - 商品的价值实质是凝结在商品中的无差别的一般人类劳动
        - 对立统一关系
          - 价值和使用价值相互排斥、不可兼得
          - 使用价值是价值的物质承担者，价值寓于使用价值之中
    - 劳动二重性
      - 具体劳动和抽象劳动
        - 具体劳动：指生产一定使用价值的具体形式的劳动
        - 抽象劳动：撇开一切具体形式的、无差别的一般人类劳动
      - 对立统一关系
        - 统一：在时间上和空间上是统一的，是商品生产者的同一劳动过程不可分割的两个方面
        - 对立
          - 具体劳动反应人与自然的关系，是劳动的自然属性
          - 抽象劳动反应商品生产者的社会关系，是劳动的社会属性
    - 商品价值量的决定
      - 社会必要劳动时间决定商品的价值量
      - 商品的价值量与劳动生产率的关系
        - 实质为社会必要劳动时间与劳动生产率的关系
        - 商品的价值量与生产商品所耗费的劳动时间成正比，与劳动生产率成反比
        - 影响劳动生产率的因素
          - 劳动者的平均熟练程度
          - 科学技术的发展程度及其在生产中的应用
          - 生产过程的社会结合
          - 生产资料的规模和效能以及自然条件等
      - 形成商品价值量的劳动是以简单劳动为尺度的，复杂劳动等于自乘的或多倍的简单劳动
    - 价值形式的发展与货币 ⊕
    - 价值规律 ⊕
    - 商品经济的基本矛盾 ⊕
    - 马克思主义劳动价值论的理论和实践意义 ⊕
  - 资本主义经济制度的本质 ⊕
  - 资本主义政治制度和意识形态 ⊕

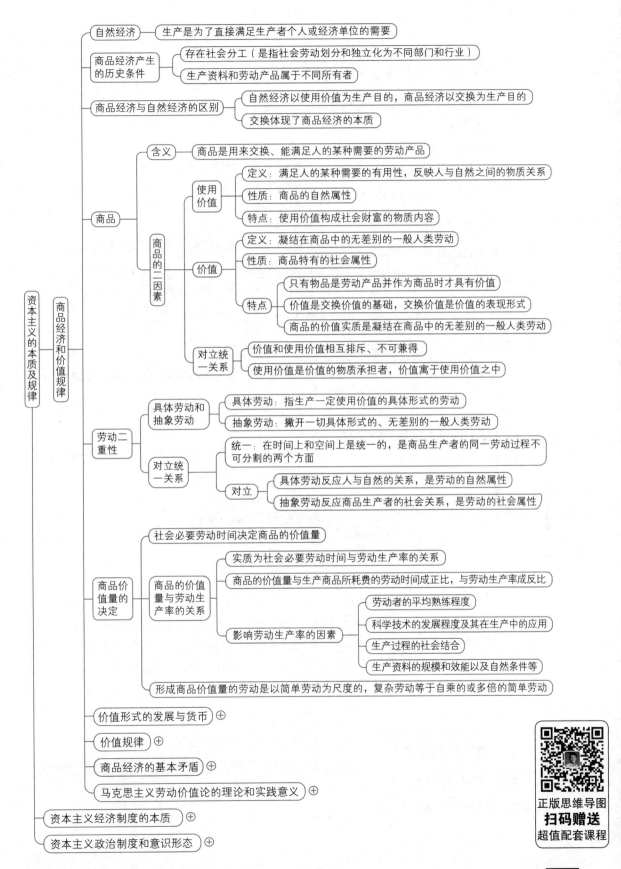

- 资本主义的本质及规律
  - 商品经济和价值规律
    - 自然经济 ⊕
    - 商品经济产生的历史条件 ⊕
    - 商品经济与自然经济的区别 ⊕
    - 商品 ⊕
    - 劳动二重性 ⊕
    - 商品价值量的决定 ⊕
    - 价值形式的发展与货币
      - 价值形式的发展
        - 简单的或偶然的价值形式
        - 总和的或扩大的价值形式
        - 一般价值形式
        - 货币形式
      - 货币的本质
        - 货币是在长期交换过程中形成的固定充当一般等价物的商品
      - 货币的职能
        - 价值尺度、流通手段、贮藏手段、支付手段和世界货币
        - 价值尺度、流通手段是货币的两个最基本职能
      - 货币形式是价值形式发展的完成形式，是商品内在矛盾发展的必然结果
    - 价值规律
      - 含义：价值规律是商品生产和商品交换的基本规律
      - 内容：商品的价值量由生产商品的社会必要劳动时间决定，商品交换以价值量为基础，按照等价交换的原则进行
      - 作用：价值规律贯穿于商品经济的全部过程，它既支配商品生产，又支配商品流通
      - 表现：商品的价格围绕商品的价值上下波动
      - 作用
        - 表现
          - 自发地调节生产资料和劳动力在社会各生产部门之间的分配比例
          - 自发地刺激社会生产力的发展
          - 自发地调节社会收入的分配
        - 消极后果
          - 导致垄断发生，阻碍技术进步
          - 引起商品生产者的两极分化
          - 比例失调，社会资源浪费
    - 商品经济的基本矛盾
      - 私人劳动和社会劳动（是商品生产者劳动的二重性）
      - 私人劳动和社会劳动的矛盾
        - 私人劳动和社会劳动的矛盾决定着商品经济的本质及发展过程
        - 私人劳动和社会劳动的矛盾是商品经济其他一切矛盾的基础
        - 私人劳动和社会劳动的矛盾决定着商品生产者的命运
      - 资本主义的基本矛盾：生产社会化和生产资料资本主义私人占有之间的矛盾
    - 马克思主义劳动价值论的理论和实践意义
      - 劳动二重性理论是“理解政治经济学的枢纽”
      - 揭示了私有制条件下商品经济的基本矛盾
      - 揭示了商品经济的一般规律，对理解社会主义市场经济具有指导意义
  - 资本主义经济制度的本质 ⊕
  - 资本主义政治制度和意识形态 ⊕

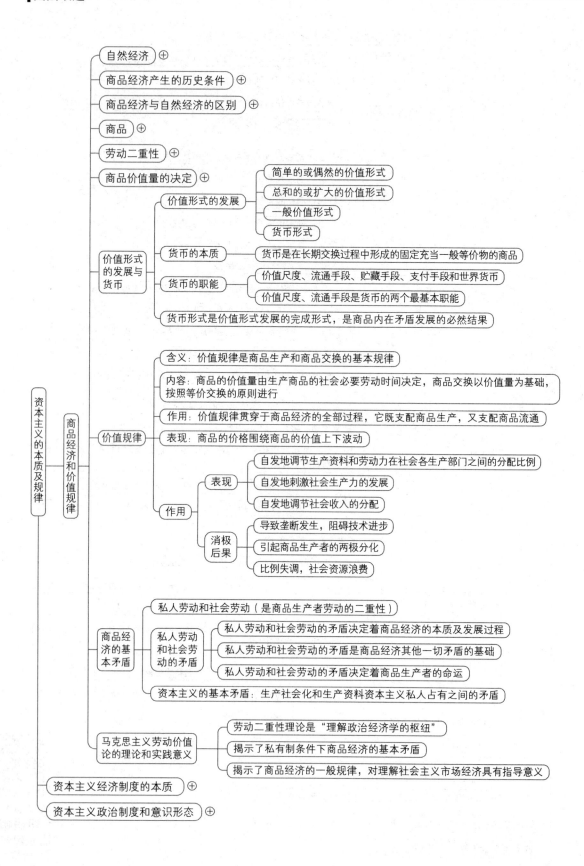

- 资本主义的本质及规律
  - 商品经济和价值规律 ⊕
  - 资本主义经济制度的本质
    - 资本主义经济制度
      - 资本主义生产关系的产生
        - 从小商品经济分化出来
        - 从商人和高利贷者转化而来
      - 资本的原始积累
        - 内涵
          - 生产者与生产资料相分离，资本迅速集中于少数人手中
        - 主要途径
          - 用暴力手段剥夺农民的土地
          - 用暴力手段掠夺货币财富
          - 利用国家政权力量进行残酷的殖民掠夺
    - 劳动力成为商品与货币转化为资本
      - 劳动力成为商品的基本条件
        - 劳动者是自由人，能够把自己的劳动力当作自己的商品来支配
        - 劳动者没有别的商品可以出卖，自由得一无所有
        - 劳动力成为商品，标志着简单商品生产发展到资本主义商品生产的新阶段
      - 劳动力商品
        - 劳动力的价值
          - 维持劳动者本人生存所必需的生活资料的价值
          - 维持劳动者家属的生存所必需的生活资料的价值
          - 劳动者接受教育和训练所支出的费用
        - 在使用价值上的特点：它的使用价值是价值的源泉
    - 资本主义所有制
      - 资本主义所有制的含义
        - 资本主义所有制是生产资料归资本家所有的一种私有制形式
        - 资本家不但拥有生产资料的所有权，而且拥有对雇佣劳动者的支配权，并凭借这种所有权和支配权实现对全部劳动产品的占有和支配
      - 资本主义所有制的本质
        - 等价交换原则的掩盖下，雇佣工人从事劳动，无偿占有雇佣工人创造的剩余价值
    - 生产剩余价值是资本主义生产方式的绝对规律
      - 资本主义生产过程的两重性
        - 生产物质资料的劳动过程
        - 生产剩余价值的过程，即价值增殖过程
      - 资本主义劳动过程的两个特点
        - 工人在资本家的监督下劳动，他们的劳动隶属于资本家
        - 劳动的成果或者产品全部归资本家所有
      - 剩余价值的实质
        - 价值增殖过程是剩余价值的生产过程
        - 雇佣工人的劳动
          - 必要劳动，用于再生产劳动力的价值
          - 剩余劳动，用于无偿地为资本家生产剩余价值
      - 资本的本质
        - 能够带来剩余价值的价值
      - 不变资本和可变资本的区分及其意义
        - 不变资本：以生产资料形态存在的资本（厂房、机器、原材料的价值）
        - 可变资本：用来购买劳动力的那部分资本（劳动力价值）
        - 不变资本和可变资本区分的意义：为确定资本家对雇佣劳动者的剥削程度提供了科学依据
      - 剩余价值率
        - 剩余价值率是剩余价值与可变资本的比率
          - m′=m/v
          - m′=剩余劳动/必要劳动=剩余劳动时间/必要劳动时间
      - 绝对剩余价值与相对剩余价值
        - 绝对剩余价值：在必要劳动时间不变的条件下，由于延长工作日的长度和提高劳动强度
        - 相对剩余价值（社会层面的剩余价值）：在工作日长度不变的条件下，通过缩短必要劳动时间而相对延长剩余劳动时间
      - 超额剩余价值（个体层面的剩余价值）
        - 含义：超额剩余价值是指企业由于提高劳动生产率而使商品的个别价值低于社会价值的差额
        - 结果
          - 技术提高
          - 商品价值下降
          - 剩余劳动时间延长，相对剩余价值增加
        - 生产自动化条件下剩余价值的源泉
          - 本质上依然是物化劳动或不变资本的实物形式
          - 雇佣工人的剩余劳动是剩余价值的唯一源泉
    - 资本 ⊕
    - 工资与剩余价值的分配 ⊕
    - 马克思主义剩余价值理论的意义 ⊕
    - 资本主义的基本矛盾与经济危机 ⊕
  - 资本主义政治制度和意识形态 ⊕

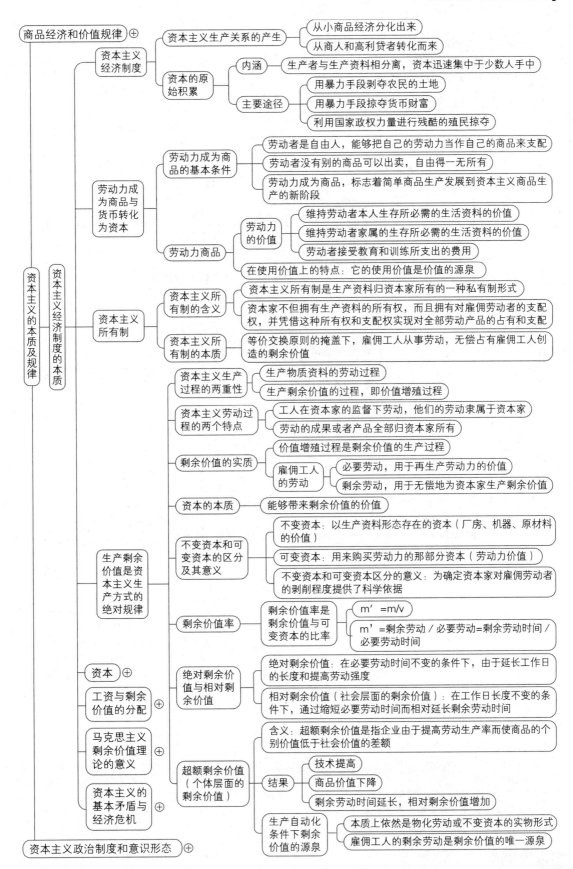

- 资本主义的本质及规律
  - 商品经济和价值规律
  - 资本主义经济制度的本质
    - 资本主义经济制度
    - 劳动力成为商品与货币转化为资本
    - 资本主义所有制
    - 生产剩余价值是资本主义生产方式的绝对规律
    - 资本
      - 含义：把剩余价值转化为资本（剩余价值的资本化）
      - 简单再生产和扩大再生产
        - 资本主义简单再生产的实质：物质资料再生产和资本主义生产关系再生产的统一
        - 资本主义扩大再生产的特点：扩大再生产
        - 在这里，资本积累是资本主义扩大再生产的源泉
      - 资本积累
        - 本质：资本家不断地利用无偿占有的工人创造的剩余价值来扩大自己的资本规模，进一步扩大和加强对工人的剥削和统治
        - 源泉：剩余价值
        - 影响因素
          - 资本家对工人的剥削程度（同方向变化）
          - 劳动生产率的高低（同方向变化）
          - 所用资本和所费资本之间的差额（同方向变化）
          - 资本家垫付资本的大小（同方向变化）
        - 后果：社会两极分化，社会失业现象产生
      - 资本有机构成
        - 是由资本技术构成决定并反映技术构成变化的资本价值构成
          - 资本的技术构成：生产资料和劳动力之间数量的比例
          - 资本的价值构成：不变资本和可变资本的比例
      - 资本的循环周转与再生产
        - 资本循环的阶段
          - 购买阶段（货币资本职能）
          - 生产阶段（生产资本职能）
          - 售卖阶段（商品资本职能）
        - 基本前提条件
          - 三种职能形式必须在空间上并存
          - 三种职能形式必须在时间上继起
        - 资本周转
          - 资本周转速度的影响因素
            - 资本周转时间
            - 生产资本中的固定资本和流动资本的构成
        - 社会再生产
          - 核心问题：社会总产品的实现问题，即社会总产品的价值补偿和实物补偿问题
          - 实现条件
            - 社会再生产要顺利进行，两大部类的生产在规模和结构上必须保持一定的比例
            - 两大部类内部各个产业部门之间和两大部类之间保持一定的比例关系
            - 两大部类的生产不仅在规模上而且在结构上保持一定的比例
      - 相对过剩人口
        - 含义：劳动力供给超过了资本对它的需要
        - 形式
          - 流动的过剩人口
          - 潜伏的过剩人口
          - 停滞的过剩人口
      - 资本积累的历史趋势：资本主义制度的必然灭亡和社会主义制度的必然胜利（“两个必然”）
    - 工资与剩余价值的分配
    - 马克思主义剩余价值理论的意义
    - 资本主义的基本矛盾与经济危机
  - 资本主义政治制度和意识形态

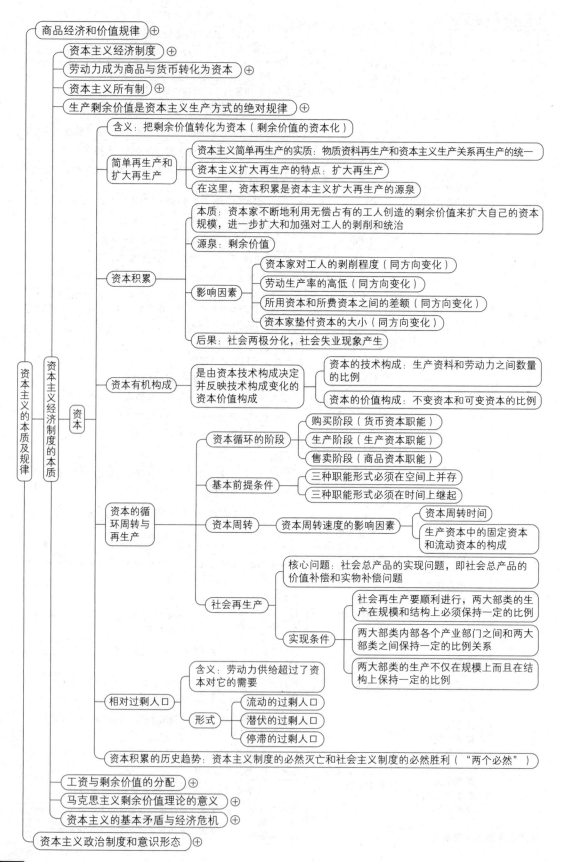

- 资本主义的本质及规律
  - 商品经济和价值规律
  - 资本主义经济制度的本质
    - 资本主义经济制度
    - 劳动力成为商品与货币转化为资本
    - 资本主义所有制
    - 生产剩余价值是资本主义生产方式的绝对规律
    - 资本
    - 工资与剩余价值的分配
      - 资本主义工资
        - 本质：工人的工资是劳动力的价值或价格
        - 形式
          - 计时工资
          - 计件工资
        - 在当代资本主义国家，工人的实际工资呈现不断提高的趋势，但本质没有根本变化
      - 平均利润和剩余价值
        - 当剩余价值被看做是全部垫付资本的产物时，剩余价值就转化为利润
        - 平均利润率与剩余价值的瓜分
          - 利润转化为平均利润，价值也就转化为生产价格（生产价格=成本价格+平均利润）
          - 平均利润率的形成是资本家之间激烈竞争的结果，在这个过程中资本由利润率低的部门流向利润率高的部门
          - 平均利润率规律的作用表明，平均利润率是剩余价值总量与社会总资本的比率
    - 马克思主义剩余价值理论的意义
      - 深刻揭露了资本主义生产关系的剥削本质，阐明了资产阶级与无产阶级之间阶级斗争的经济根源，指出了无产阶级革命的历史必然性
      - 揭示了商品经济和社会化生产的一般规律
    - 资本主义的基本矛盾与经济危机
      - 资本主义的基本矛盾：生产社会化和生产资料资本主义私人占有之间的矛盾，是资本主义的基本矛盾
      - 资本主义经济危机
        - 本质特征：生产过剩
        - 根源
          - 货币作为流通手段和支付手段
          - 根本原因：资本主义的基本矛盾
        - 资本主义经济危机的周期性
          - 资本主义基本矛盾运动的阶段性
          - 资本主义经济危机的四个阶段
            - 危机（基本阶段、必经阶段）
            - 萧条
            - 复苏
            - 高涨
  - 资本主义政治制度和意识形态

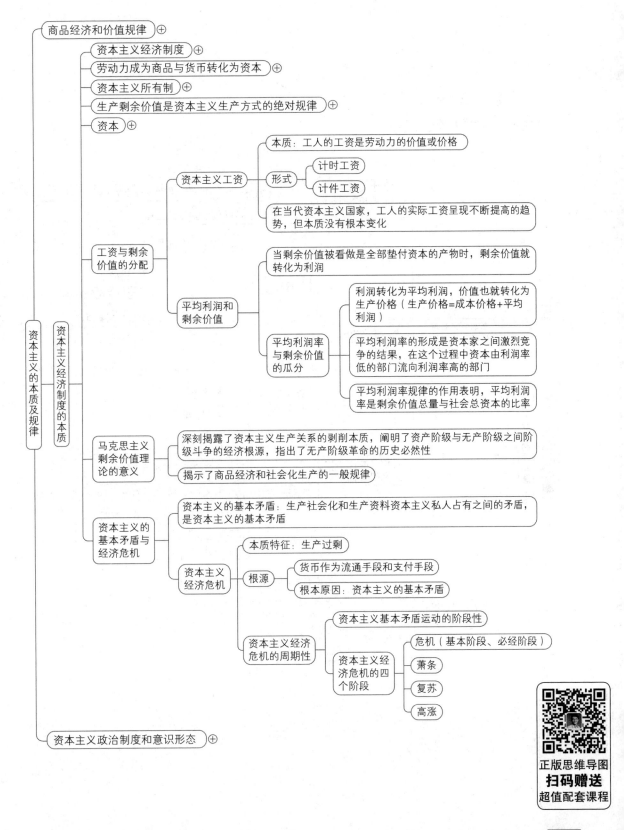

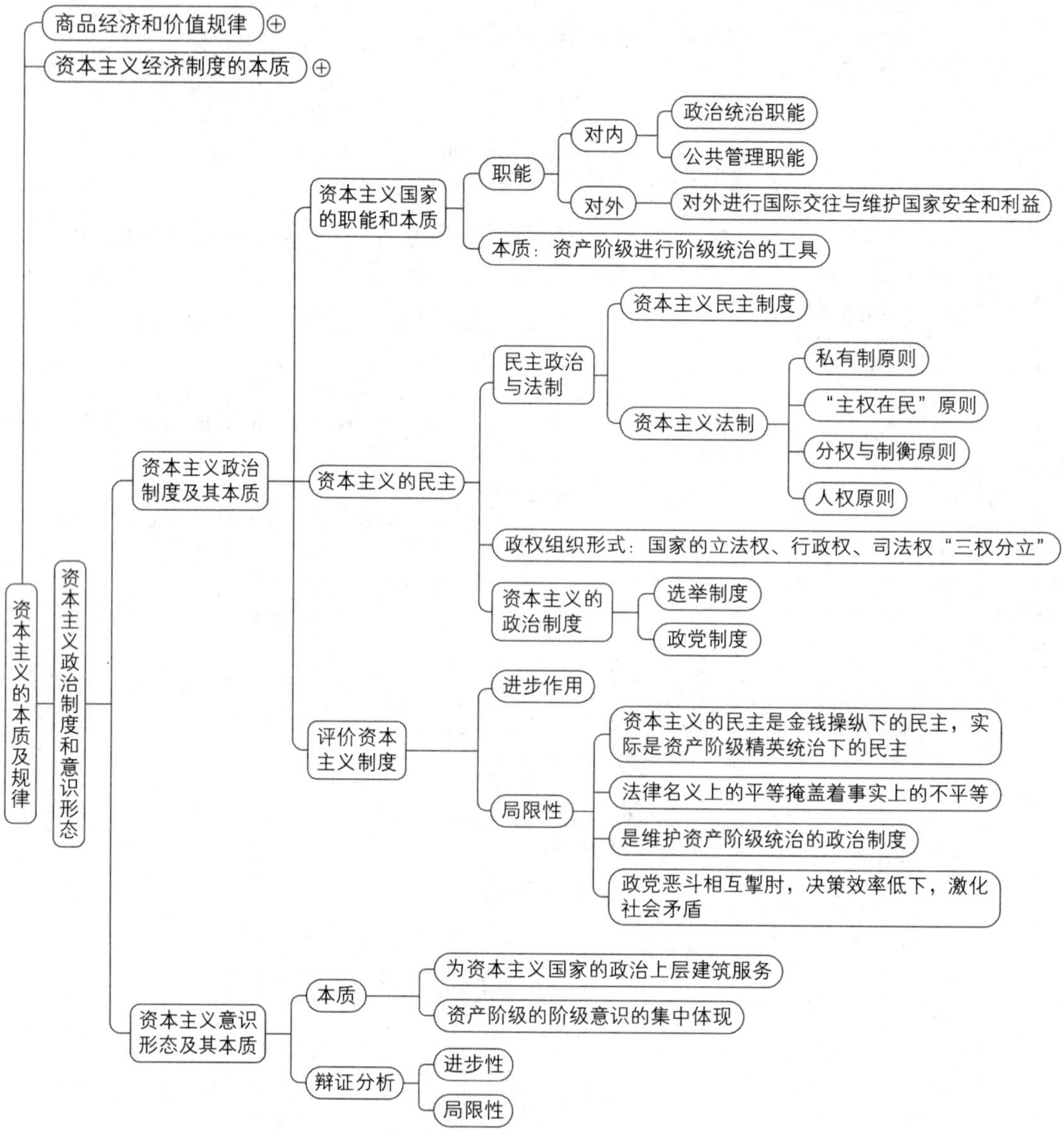
资本主义的本质及规律
商品经济和价值规律
资本主义经济制度的本质
资本主义政治制度和意识形态
资本主义政治制度及其本质
资本主义国家的职能和本质
职能
对内
政治统治职能
公共管理职能
对外
对外进行国际交往与维护国家安全和利益
本质：资产阶级进行阶级统治的工具
资本主义的民主
民主政治与法制
资本主义民主制度
资本主义法制
私有制原则
“主权在民”原则
分权与制衡原则
人权原则
政权组织形式：国家的立法权、行政权、司法权“三权分立”
资本主义的政治制度
选举制度
政党制度
评价资本主义制度
进步作用
局限性
资本主义的民主是金钱操纵下的民主，实际是资产阶级精英统治下的民主
法律名义上的平等掩盖着事实上的不平等
是维护资产阶级统治的政治制度
政党恶斗相互掣肘，决策效率低下，激化社会矛盾
资本主义意识形态及其本质
本质
为资本主义国家的政治上层建筑服务
资产阶级的阶级意识的集中体现
辩证分析
进步性
局限性

- 资本主义的发展及其趋势
  - 垄断资本主义的形成与发展
    - 资本主义从自由竞争到垄断
      - 资本主义发展的两个阶段
        - 自由资本主义
        - 垄断资本主义
      - 生产集中与资本集中
        - 生产集中：生产资料、劳动力和商品的生产日益集中于少数大企业的过程
        - 资本集中：大资本吞并小资本，或由许多小资本合并而成大资本的过程
      - 垄断
        - 形成：是资本主义发展的客观规律
        - 本质：操纵垄断价格，以攫取高额垄断利润
      - 垄断与竞争
        - 垄断并不能消除竞争的原因
          - 没有消除产生竞争的经济条件
          - 必须通过竞争来维持
          - 社会生产是复杂多样的
      - 金融资本与金融寡头
        - 金融资本的产生
          - 由工业垄断资本和银行垄断资本融合在一起而形成的一种垄断资本
          - 形成的主要途径
            - 金融联系
            - 资本参与
            - 人事参与
        - 金融寡头的统治
          - 在金融资本形成的基础上产生
          - 操纵国民经济命脉，并在实际上控制国家政权的少数垄断资本家或垄断资本家集团
        - 金融寡头实现统治的主要方式
          - 经济：参与制
          - 国家机器：同政府的“个人联合”
          - 建立政策咨询机构等方式对政府的政策施加影响
          - 通过掌握新闻出版、广播电视、科学教育、文化体育等上层建筑的各个领域，左右国家的内政外交及社会生活
      - 垄断利润和垄断价格
        - 垄断资本的实质：获取垄断利润
        - 垄断利润的来源
          - 来自对本国无产阶级和其他劳动人民剥削的加强
          - 获得其他企业、非垄断企业的利润
          - 加强对其他国家劳动人民的剥削和掠夺
          - 资本主义国家政权进行有利于垄断资本的再分配
        - 垄断利润的实现方式
          - 垄断利润主要是通过垄断组织制定的垄断价格来实现的
          - 垄断价格=成本价格+平均利润+垄断利润
          - 垄断价格包括垄断高价和垄断低价
        - 垄断价格的产生没有否定价值规律，它是价值规律在垄断资本主义阶段作用的具体体现
    - 垄断资本主义的发展 ⊕
    - 经济全球化及其影响 ⊕
  - 正确认识当代资本主义的新变化 ⊕
  - 资本主义的历史地位和发展趋势 ⊕

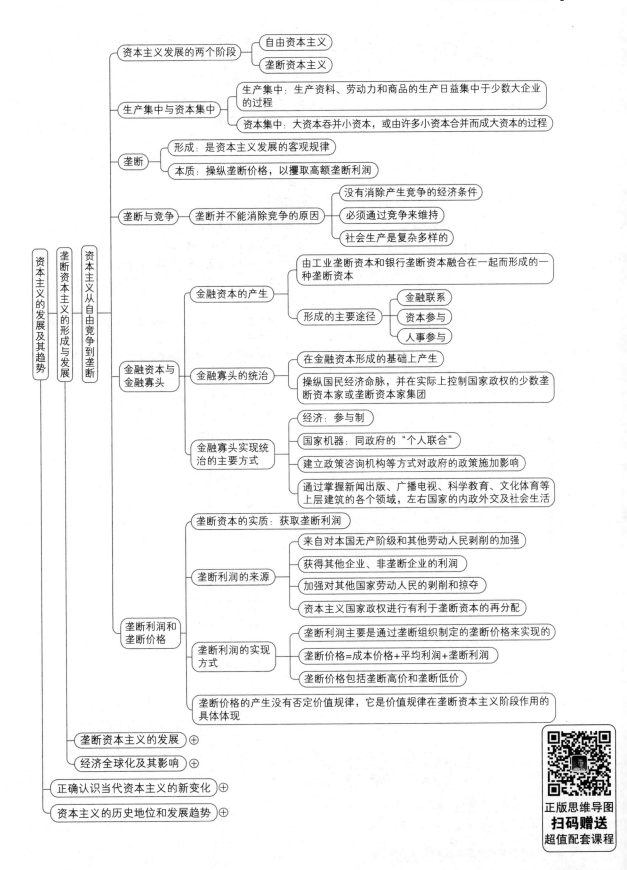

图图政道

- 资本主义的发展及其趋势
  - 垄断资本主义的形成与发展
    - 资本主义从自由竞争到垄断 ⊕
    - 垄断资本主义的发展
      - 国家垄断资本主义
        - 含义：国家政权和私人垄断资本融合在一起的垄断资本主义
        - 形成发展的原因
          - 社会生产力的发展
          - 经济波动和经济危机的深化
          - 缓和社会矛盾，协调利益关系的要求
        - 主要形式
          - 国家所有并直接经营
          - 国家与私人共有、合营企业
          - 国家通过多种形式参与私人垄断资本的再生产过程
          - 宏观调节
          - 微观规制
        - 作用
          - 积极
            - 有利于社会生产力的发展
            - 调节经济过程和经济活动
            - 使劳动人民生活水平有所改善和提高
            - 农业、工业、商业、通信业及交通运输业的现代化水平迅速提高
          - 消极
            - 不能解决生产盲目扩大和劳动群众消费需求相对狭小的矛盾
            - 不能消除部门之间比例关系的破坏和经济结构的失衡
            - 不能解决失业、贫富悬殊问题
            - 不能消除周期性的经济危机
        - 实质：私人垄断资本利用国家机器来为其发展服务的手段
      - 金融垄断资本的发展
        - 金融垄断资本快速发展的表现
          - 金融化程度不断提高
          - 金融业地位大幅上升
          - 实体经济受到威胁
          - 服务业就业人数增加
          - 虚拟经济越来越脱离实体经济
      - 基本形式
        - 借贷资本输出
        - 生产资本输出
        - 商品资本的输出
      - 后果
        - 对资本输出国
          - 实质：攫取巨大利益和扩大垄断实力
        - 对资本输入国
          - 积极作用
            - 为经济发展提供了条件
            - 改进技术、培养人才
            - 优化产业结构
            - 促进对外贸易发展
            - 增加就业机会
          - 不利影响
            - 经济代价以及环境污染、能源资源消耗代价
            - 产业调整和布局有可能受制于外资的投资战略
            - 冲击本国的民族工业，影响国民经济的控制权
      - 垄断资本国际化条件下的垄断组织 ⊕
      - 垄断资本主义的基本特征和实质 ⊕
    - 经济全球化及其影响 ⊕
  - 正确认识当代资本主义的新变化 ⊕
  - 资本主义的历史地位和发展趋势 ⊕

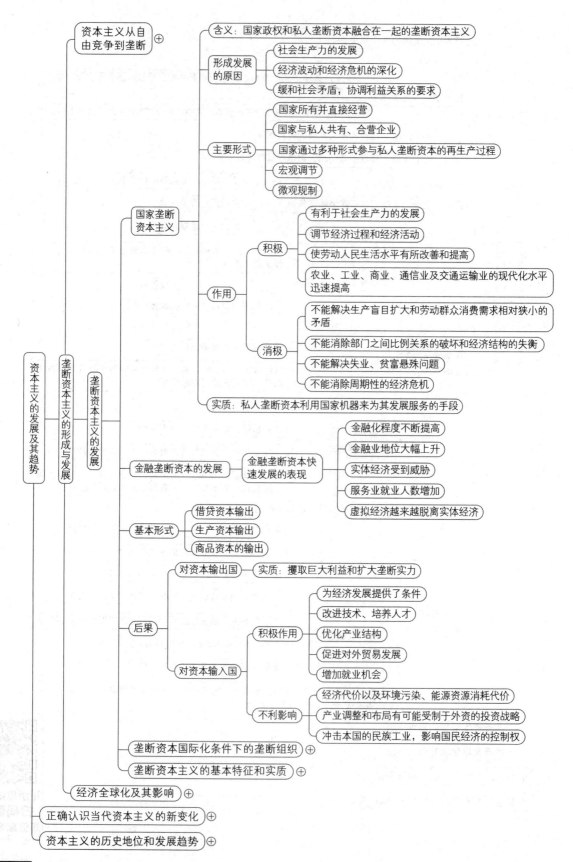

- 资本主义的发展及其趋势
  - 垄断资本主义的形成与发展
    - 资本主义从自由竞争到垄断 ⊕
    - 垄断资本主义的发展
      - 国家垄断资本主义 ⊕
      - 金融垄断资本的发展 ⊕
      - 基本形式 ⊕
      - 后果 ⊕
      - 垄断资本国际化条件下的垄断组织
        - 形式
          - 早期：国际卡特尔
          - 当代：国家垄断资本主义的国际联盟
        - 国际经济调节机制
          - 国际货币基金组织、世界银行和世界贸易组织
      - 垄断资本主义的基本特征和实质
        - 特征
          - 经济生活中起决定作用
          - 在金融资本的基础上形成金融寡头的统治
          - 资本输出有了特别重要的意义
          - 瓜分世界的资本家国际垄断同盟已经形成
          - 最大资本主义大国已把世界上的领土瓜分完毕
        - 实质：垄断资本凭借垄断地位，获取高额垄断利润
    - 经济全球化及其影响
      - 表现
        - 国际分工进一步深化
        - 贸易全球化
        - 金融全球化
        - 企业生产经营全球化
      - 动因
        - 科学技术的进步和生产力的发展
        - 跨国公司的发展
        - 各国经济体制的变革
      - 影响
        - 积极效应
          - 为发展中国家提供先进技术和管理经验
          - 为发展中国家提供更多的就业机会
          - 推动发展中国家国际贸易发展
          - 促进发展中国家跨国公司的发展
        - 消极后果
          - 发达国家与发展中国家经济地位和收益不平等、不平衡
          - 加剧了发展中国家资源短缺和环境污染恶化
          - 一定程度上增加经济风险
  - 正确认识当代资本主义的新变化 ⊕
  - 资本主义的历史地位和发展趋势 ⊕

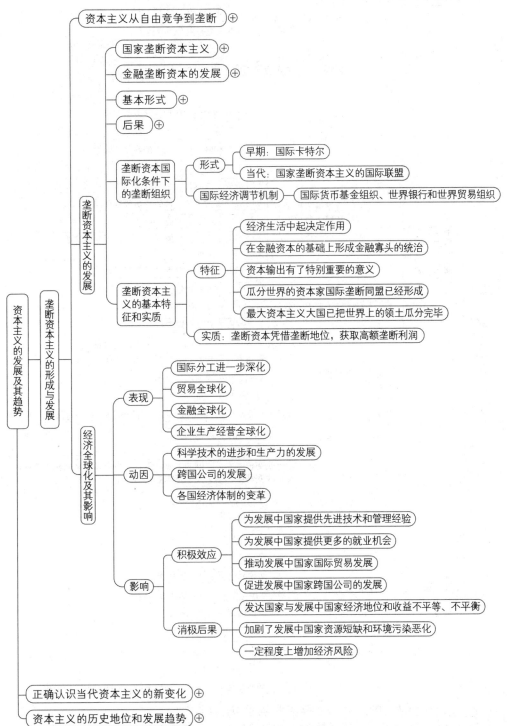

- 资本主义的发展及其趋势
  - 垄断资本主义的形成与发展
  - 正确认识当代资本主义的新变化
    - 第二次世界大战后资本主义变化的新特点
      - 表现
        - 生产资料所有制的变化
          - 私人资本所有制
          - 私人股份资本所有制
          - 国家资本所有制
          - 法人资本所有制
        - 劳资关系和分配关系的变化
          - 职工参与决策
          - 终身雇佣
          - 职工持股
          - 社会福利制度
        - 社会阶层和阶级结构的变化
          - 资本家的地位和作用已经发生很大变化
          - 高级职业经理成为大公司经营活动的实际控制者
          - 知识型和服务型劳动者的数量不断增加
        - 经济调节机制和经济危机形态的变化
          - 去工业化和产业空心化日趋严重，产业竞争力下降
          - 经济高度金融化，虚拟经济与实体经济严重脱节
          - 财政严重债务化，债务危机频繁爆发
          - 两极分化和社会对立加剧
          - 经济增长乏力，发展活力不足，周期性危机与结构性危机交织在一起
          - 金融危机频发，全球经济屡受打击
        - 政治制度的变化
          - 政治制度多元化
          - 法制建设加强
          - 改良主义政党影响扩大
      - 新变化的原因和实质
        - 原因
          - 科学技术革命和生产力的发展（根本推动力量）
          - 工人阶级争取自身权利和利益的斗争（重要力量）
          - 社会主义制度初步显示的优越性
          - 改良主义的作用
        - 实质
          - 从根本上说是人类社会发展一般规律和资本主义经济规律作用的结果
          - 在资本主义制度框架内的变化，并不意味着资本主义生产关系的根本性质发生了变化
          - 没有改变资本主义制度的本质，没有克服资本主义的基本矛盾，没有改变马克思主义关于资本主义的基本论断的科学性
    - 2008年国际金融危机以来资本主义的矛盾与冲突
      - 经济发展“失调”
        - 虚拟经济与实体经济发展失衡
        - 福利风险增加
        - 债务负担沉重
      - 政治体制“失灵”
        - 西式选举往往难以选贤
        - 政党利益可能凌驾于国家利益之上
        - “民主陷阱”会阻碍国家治理
        - 传统精英政治走向衰落
      - 社会融合机制“失效”
        - 社会极端思潮抬头
        - 社会流动性退化
        - 社会矛盾激化
  - 资本主义的历史地位和发展趋势
    - 历史地位
      - 资本主义社会的出现是客观的不以人的意志为转移的自然历史过程
      - 与封建社会相比显示出巨大的进步性
      - 不能掩盖自身的局限性
    - 发展趋势
      - 资本主义内在矛盾决定资本主义必然被社会主义所代替
      - 社会主义代替资本主义是一个长期的历史过程

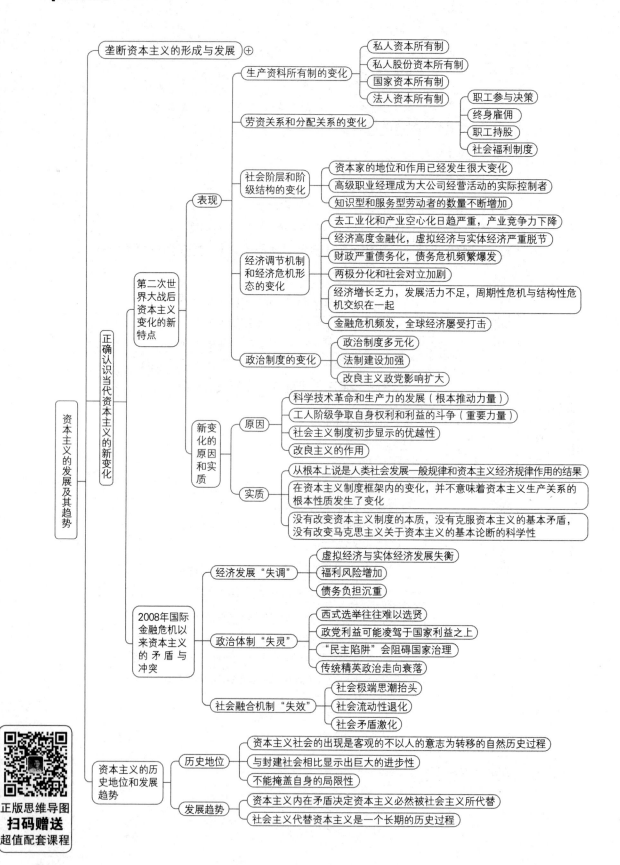

- 社会主义的发展及其规律
  - 社会主义五百年的历史进程
    - 社会主义从空想到科学
      - 空想社会主义的发展
        - 16—17世纪的早期空想社会主义
        - 18世纪的空想平均共产主义
        - 19世纪初期批判的空想社会主义
      - 空想社会主义作用
        - 历史贡献
          - 对资本主义旧制度的辛辣批判
          - 对社会主义新制度的描绘
        - 时代局限
          - 看到了资本主义必将灭亡的命运，未能揭示资本主义必将灭亡的经济根源
          - 看不到埋葬资本主义的力量
          - 找不到通往理想社会的现实道路
      - 科学社会主义的创立
        - 两大发现（唯物史观和剩余价值学说）使社会主义从空想发展到科学
        - 《共产党宣言》的发表，标志着科学社会主义的问世
        - 重大意义：从根本上超越了空想社会主义，实现了社会主义从空想到科学的伟大飞跃
    - 社会主义从理想到现实
      - 1864年，国际工人协会(第一国际)应运而生
      - 1871年爆发的巴黎公社革命（是无产阶级夺取政权的第一次伟大尝试）
      - 1917年十月革命的胜利，实现了社会主义从理想到现实的飞跃
      - 列宁指出，社会主义可能首先在少数甚至在单独一个资本主义国家内获得胜利
    - 社会主义从一国到多国
      - 苏联社会主义发展
        - 进一步巩固苏维埃政权时期
        - 外国武装干涉和国内战争时期即战时共产主义时期
        - 新经济政策时期
        - 1936年苏联宣布已经建成社会主义
        - 苏联模式是特定历史条件下的产物，它并不是社会主义的唯一模式
      - 社会主义发展到多个国家
        - 俄国十月革命的胜利，促进了世界社会主义运动的发展
        - 俄国十月革命的胜利，给中国人民送来了马克思列宁主义
      - 列宁对建设社会主义的新构想
        - 进行文化革命，大力发展文化教育事业
        - 发展大工业，实现工业化和电气化
        - 学习和利用资本主义一切有价值的东西
        - 用合作社的形式将农民引向社会主义道路
        - 进行党和国家机构的改革，努力提高干部的素质和能力
        - 必须反对官僚主义，健全社会主义民主和法制
        - 维护党的团结，特别是党中央领导核心的团结等
    - 社会主义在中国焕发出强大生机活力
      - 是社会主义事业发展规律的集中体现，是党领导人民进行社会主义革命、建设、改革的基本遵循
  - 科学社会主义一般原则 ⊕
  - 在实践中探索现实社会主义的发展规律 ⊕

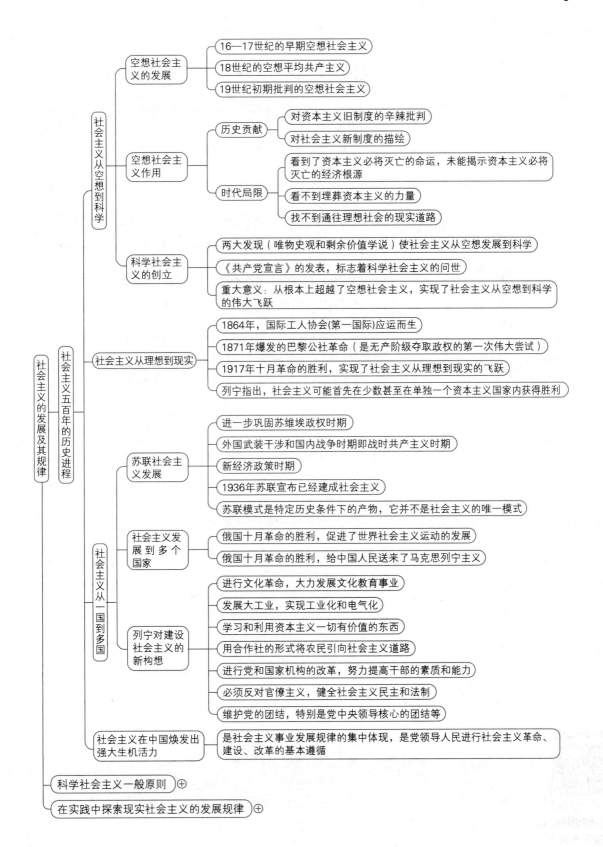

- 社会主义的发展及其规律
  - 社会主义五百年的历史进程 ⊕
  - 科学社会主义一般原则
    - 科学社会主义一般原则及其主要内容
      - 人类社会发展规律和资本主义基本矛盾是“资本主义必然灭亡、社会主义必然胜利”的根本依据
      - 无产阶级是最先进最革命的阶级，肩负着推翻资本主义旧世界、建立社会主义和共产主义新世界的历史使命
      - 无产阶级革命是无产阶级进行斗争的最高形式，以建立无产阶级专政的国家为目的
      - 社会主义社会要在生产资料公有制基础上组织生产，以满足全体社会成员的需要为生产的根本目的
      - 社会主义社会要对社会生产进行有计划的指导和调节，实行按劳分配原则
      - 社会主义社会要合乎自然规律地改造和利用资源，努力实现人与自然的和谐共生
      - 社会主义社会必须坚持科学的理论指导，大力发展社会主义先进文化
      - 无产阶级政党是无产阶级的先锋队，社会主义事业必须始终坚持无产阶级的领导
      - 社会主义社会要大力解放和发展生产力，逐步消灭剥削和消除两极分化，实现共同富裕和社会全面进步，并最终向共产主义社会过渡
    - 正确把握科学社会主义一般原则
      - 必须始终坚持科学社会主义一般原则，反对任何背离科学社会主义一般原则的错误倾向
      - 要善于把科学社会主义一般原则与本国实际相结合，创造性地回答和解决革命、建设、改革中的重大问题
      - 紧跟时代和实践的发展，在不断总结新鲜经验中进一步丰富和发展科学社会主义一般原则
  - 在实践中探索现实社会主义的发展规律
    - 经济文化相对落后国家建设社会主义的长期性
      - 生产力发展状况的制约
      - 经济基础和上层建筑发展状况的制约
      - 国际环境的严峻挑战
      - 道路的探索和对社会主义建设规律的认识，需要一个长期的过程
    - 社会主义发展道路的多样性
      - 社会主义发展道路多样性的原因
        - 生产力发展状况和社会发展阶段
        - 历史文化传统的差异性
        - 时代和实践的不断发展
      - 探索符合本国国情发展的道路
        - 必须坚持对待马克思主义的科学态度
        - 必须从当时当地的历史条件出发，坚持“走自己的路”
        - 必须充分吸收人类一切文明成果
    - 社会主义在实践探索中开拓前进
      - 社会主义是亿万人民群众的伟大实践
      - 社会主义实践是一个不断探索的过程
      - 实践探索中出现某种曲折并不改变社会主义的前进趋势
      - 推进社会主义实践发展必须有开拓奋进的精神状态

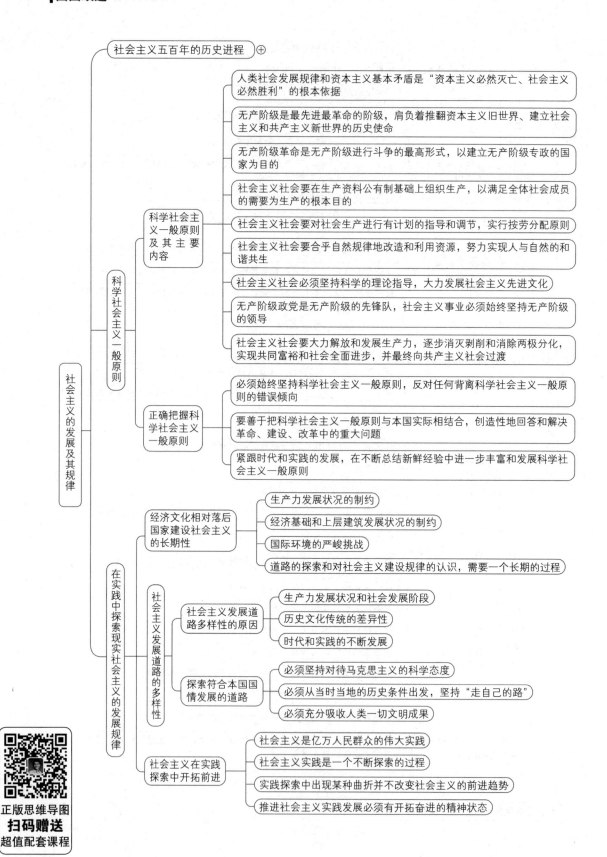

- 共产主义崇高理想及其最终实现
  - 展望未来共产主义新社会
    - 预见未来社会的方法论原则
      - 在揭示人类社会发展一般规律的基础上指明社会发展的方向
      - 在剖析资本主义旧世界的过程中阐发未来新世界的特点
      - 在社会主义社会发展中不断深化对未来共产主义社会的认识
      - 立足于未来社会的一般特征，不可能对各种细节作具体描绘
    - 共产主义社会的基本特征
      - 物质财富极大丰富，消费资料按需分配
      - 社会关系高度和谐，人们精神境界极大提高
      - 实现每个人自由而全面的发展，人类从必然王国向自由王国飞跃
  - 实现共产主义是历史发展的必然趋势
    - 实现共产主义是历史发展的必然
      - 共产主义理想的实现是历史规律的必然要求
      - 实现共产主义是人类最伟大的事业
    - 实现共产主义是长期的历史进程
    - 在完成资本主义向社会主义的转变以后，还要经历一个社会主义发展阶段，最后才能逐步走向共产主义
  - 共产主义远大理想与中国特色社会主义共同理想
    - 坚持和发展中国特色社会主义是中华民族通向共产主义的必由之路
    - 两者关系
      - 时间上，是最终理想与阶段性理想的关系
      - 层次上，是最高纲领与最低纲领的关系
      - 范围上，是全人类理想与全体中国人民理想的关系

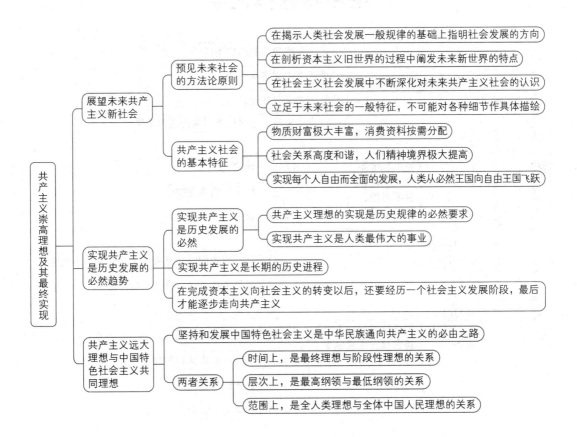

二、毛泽东思想和中国特色社会主义理论体系概论

毛中特整体框架

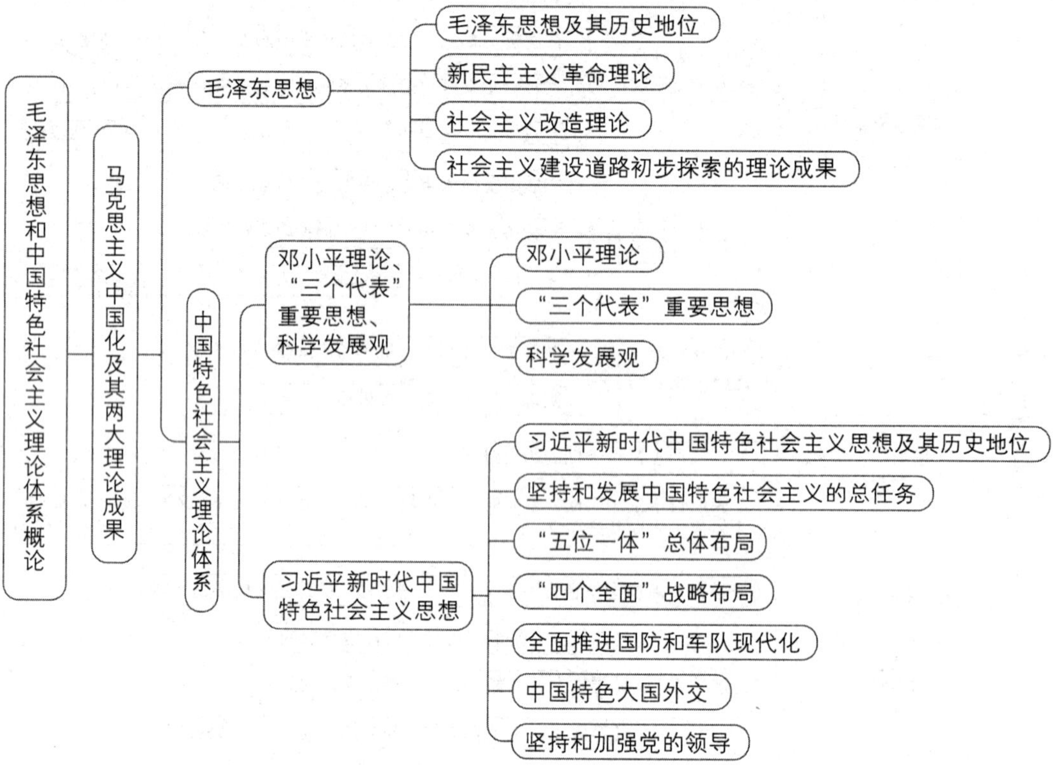

马克思主义中国化的两大理论成果

- 马克思主义中国化的提出
  - 背景：对中国革命进程中正反两个方面实践经验的科学总结
  - 必要性
    - 是解决中国实际问题的客观需要
    - 是马克思主义理论发展的内在要求
- 马克思主义中国化的科学内涵
  - 把马克思主义基本原理同中国具体实际和时代特征结合起来，运用马克思主义的立场、观点、方法研究和解决中国革命、建设、改革中的实际问题
  - 总结和提炼中国革命、建设、改革的实践经验，从而认识和掌握客观规律，为马克思主义理论宝库增添新的内容
  - 运用中国人民喜闻乐见的民族语言来阐述马克思主义理论，使其具有中国特色、中国风格、中国气派
- 马克思主义中国化两大理论成果及其关系
  - 两大理论成果（两次历史性飞跃）
    - 第一次：发生在新民主主义革命时期，形成了毛泽东思想
    - 第二次：发生在社会主义进入改革开放的新时期，形成了中国特色社会主义理论体系
  - 关系（一脉相承又与时俱进）
    - 两大理论成果在基本精神上都是一致的，都坚持实事求是、群众路线和独立自主。这是它们的基本点。都是中国化的马克思主义，它们同马列主义一起，都是中国共产党长期坚持的指导思想和全国各族人民团结奋斗的共同思想基础
    - 习近平新时代中国特色社会主义思想，是对马克思列宁主义、毛泽东思想、邓小平理论、“三个代表”重要思想、科学发展观的继承和发展，是马克思主义中国化最新成果，是党和人民实践经验和集体智慧的结晶，是中国特色社会主义理论体系的重要组成部分，是全党全国人民为实现中华民族伟大复兴而奋斗的行动指南
- 学好本课程须把握
  - 努力掌握基本理论
  - 坚持理论联系实际
  - 培养理论思考习惯

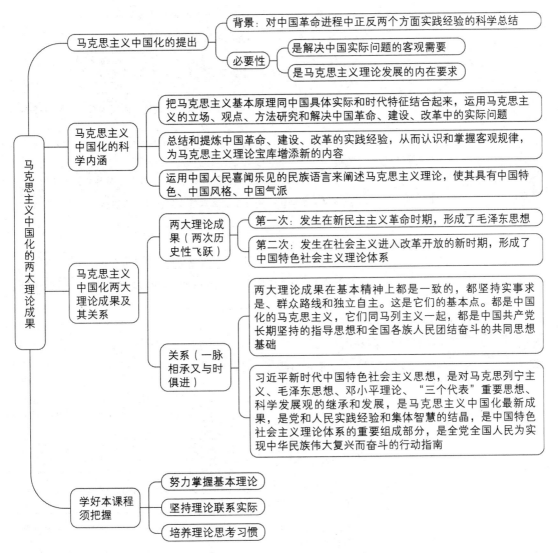

- 毛泽东思想及其历史地位
  - 毛泽东思想的形成和发展
    - 形成发展的条件
      - 时代背景：帝国主义战争与无产阶级革命的时代主题
      - 实践基础：中国共产党领导革命和建设的实践
    - 形成发展的过程
      - 初步形成的标志：在《中国的红色政权为什么能够存在?》《井冈山的斗争》《星星之火，可以燎原》《反对本本主义》等著作中提出并阐述了农村包围城市、武装夺取政权的思想
      - 成熟的标志：新民主主义革命理论的系统阐述
      - 写入党章，确立为党的指导思想：七大
      - 继续发展：提出把马列主义的基本原理同中国革命和建设的具体实践“第二次结合，探索建设社会主义道路”的任务
  - 毛泽东思想的主要内容
    - 新民主主义革命理论
      - 内容：无产阶级领导的，工农联盟为基础的，人民大众的，反对帝国主义、封建主义和官僚资本主义
      - 基本点
        - 一是认为中国资产阶级有两个部分：大资产阶级和民族资产阶级
        - 二是认为中国革命只能以长期的的武装斗争为主要形式
      - 是反映中国新民主主义革命客观规律的完备的理论形态
    - 社会主义革命和社会主义建设理论
      - 采取社会主义工业化和社会主义改造并举的方针
      - 提出把对人民内部和对敌人的专政结合起来就是人民民主专政的理论
      - 在社会主义制度建立后，提出了一系列具有战略意义的正确思想和方针
    - 革命军队建设和军事战略的理论
    - 政策和策略的理论
    - 思想政治工作和文化工作理论
    - 党的建设理论
      - 特别注重从思想上建党，要在思想上入党，经常注意以无产阶级思想改造和克服各种非无产阶级思想
      - 理论和实践相结合的作风，和人民群众紧密地联系在一起的作风，以及自我批评的作风，是中国共产党区别于其他任何政党的显著标志
      - 毛泽东提出“惩前毖后、治病救人”的正确方针，强调在党内斗争中要达到既弄清思想又团结同志的目的
      - 毛泽东创造了全党通过批评与自我批评进行马克思列宁主义思想教育的整风形式
      - 毛泽东多次提出务必使同志们继续地保持谦虚、谨慎、不骄、不躁的作风，务必使同志们继续地保持艰苦奋斗的作风
  - 毛泽东思想活的灵魂 ⊕
  - 毛泽东思想的历史地位 ⊕

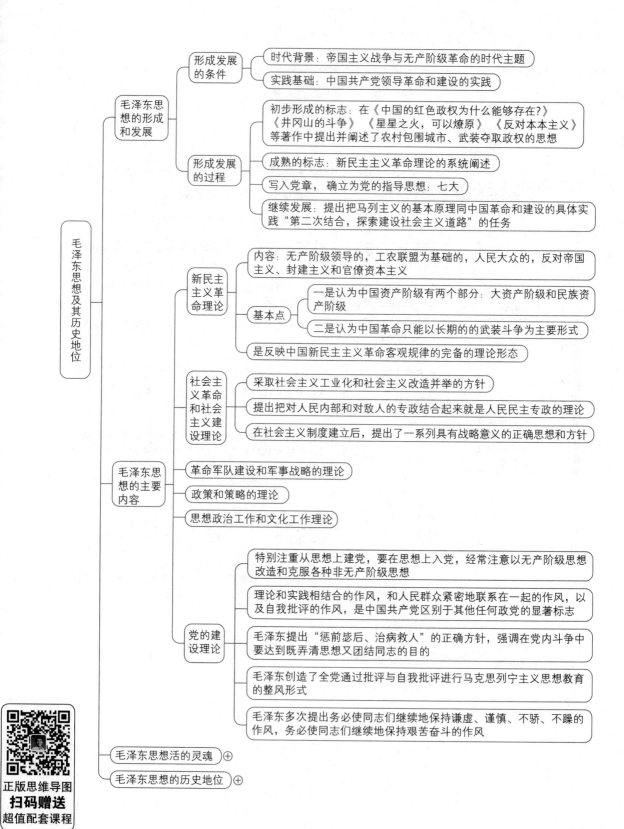

- 毛泽东思想及其历史地位
  - 毛泽东思想的形成和发展 ⊕
  - 毛泽东思想的主要内容 ⊕
  - 毛泽东思想活的灵魂
    - 实事求是（毛泽东思想的精髓）
      - 含义：就是一切从实际出发，理论联系实际，坚持在实践中检验真理和发展真理
      - 重要性：是马克思主义的根本观点，是中国共产党人认识世界、改造世界的根本要求，是中国共产党思想路线的核心，是我们党的基本思想方法、工作方法、领导方法
      - 要求
        - 坚持实事求是，就要深入实际了解事物的本来面貌，把握事物内在必然联系，按照客观规律办事
        - 坚持实事求是，就要清醒认识和正确把握我国基本国情
        - 坚持实事求是，就要不断推进实践基础上的理论创新
    - 群众路线
      - 含义：一切为了群众，一切依靠群众，从群众中来，到群众中去，把党的正确主张变为群众的自觉行动
      - 重要性：是我们党的生命线和根本工作路线，是我们党永葆青春活力和战斗力的重要传家宝
      - 要求
        - 坚持群众路线，就要坚持人民是推动历史发展的根本力量
        - 坚持群众路线，就要坚持全心全意为人民服务的根本宗旨
        - 坚持群众路线，就要保持党同人民群众的血肉联系
    - 独立自主
      - 含义：就是坚持独立思考，走自己的路，就是坚定不移地维护民族独立、捍卫国家主权，把立足点放在依靠自己力量的基础上，同时积极争取外援，开展国际经济文化交流，学习外国一切对我们有益的先进事物
      - 重要性：是中华民族的优良传统，是中国共产党、中华人民共和国立党立国的重要原则，是我党从中国实际出发、依靠党和人民力量进行革命、建设、改革的必然结论
      - 要求
        - 坚持独立自主，就要坚持中国的事情必须由中国人民自己处理
        - 坚持独立自主，就要坚持独立自主的和平外交政策，坚定不移走和平发展道路
  - 毛泽东思想的历史地位
    - 历史地位
      - 马克思主义中国化的第一个重大理论成果
        - 毛泽东第一个明确提出了“马克思主义中国化”的科学命题和重大任务
        - 毛泽东思想是马克思主义中国化第一次历史性飞跃的理论成果
      - 中国革命和建设的科学指南
        - 在毛泽东思想指引下，我们党领导全国人民，找到了一条新民主主义革命的正确道路，建立了中华人民共和国
        - 在毛泽东思想指引下，我们党领导全国人民，找到了一条从新民主主义向社会主义过渡的道路，确立了社会主义基本制度，实现了中国历史上最深刻最伟大的社会变革
        - 毛泽东对适合中国国情的社会主义道路进行了艰苦探索，并取得了重要的理论成果，提出了许多很有启发性的论断
        - 毛泽东思想关于社会主义建设的基本思想观点，仍具有重要的现实指导作用
      - 党和人民的宝贵精神财富
    - 科学评价毛泽东思想
      - 是马克思列宁主义在中国的运用和发展，是被实践证明了的关于中国革命和建设的正确的理论原则和经验总结，是中国共产党集体智慧的结晶

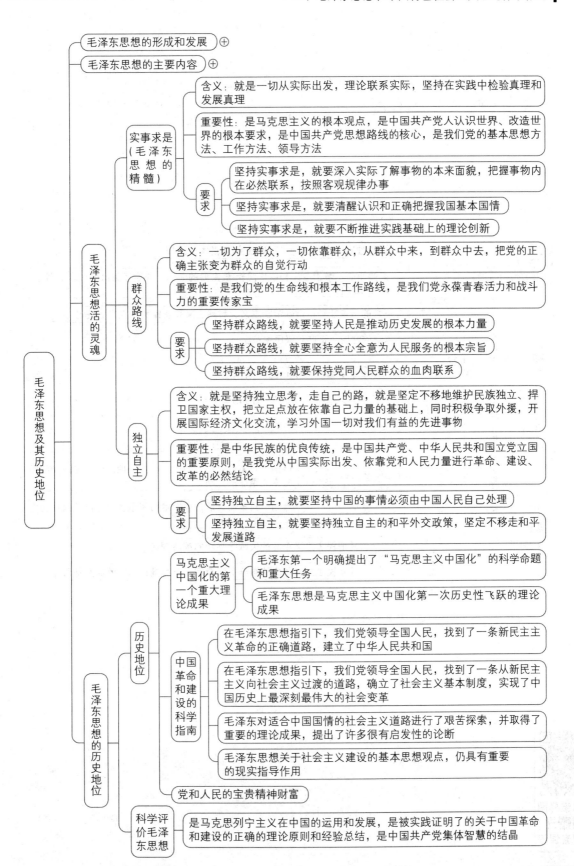

- 新民主主义革命理论
  - 新民主主义革命理论形成的依据
    - 近代中国国情（认清中国国情，是解决中国革命问题的基本前提）
      - 社会性质：半殖民地半封建社会(最基本的国情)
      - 主要矛盾：帝国主义和中华民族(最主要的矛盾，决定了革命的根本任务)、封建主义和人民大众
      - 革命的根本任务：推翻帝国主义、封建主义和官僚资本主义的统治
      - 革命的性质：资产阶级民主革命
    - 近代中国时代特征
      - 旧民主主义革命：1840年—1918年
      - 新民主主义革命：1919年—1949年
      - 中国革命的性质仍然是资产阶级民主革命（这是由近代中国的社会性质和主要矛盾决定的）
        - 俄国十月革命之前，中国革命属于旧的世界资产阶级民主主义革命的范畴
        - 俄国十月革命之后，中国革命属于世界无产阶级社会主义革命的一部分
    - 新民主主义革命理论的实践基础
      - 旧民主主义革命的失败呼唤新的革命理论
      - 新民主主义革命的艰辛探索奠定了革命理论形成的实践基础
  - 新民主主义的总路线和基本纲领 ⊕
  - 新民主主义革命的道路和基本经验 ⊕

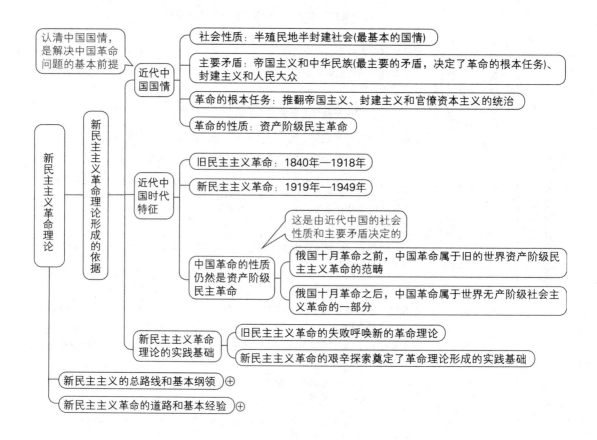

- 新民主主义革命理论
  - 新民主主义革命理论形成的依据
  - 新民主主义革命的总路线和基本纲领
    - 新民主主义革命的总路线
      - 总路线的提出和完整表述
        - 总路线的提出：1939年，毛泽东在《中国革命和中国共产党》一文中，第一次提出了新民主主义革命的科学概念和总路线的内容
        - 总路线的完整表述：1948年，毛泽东在《在晋绥干部会议上的讲话》中完整地表述了总路线的内容，即无产阶级领导的，人民大众的，反对帝国主义、封建主义和官僚资本主义的革命
      - 革命对象：帝国主义(首要对象)、封建主义和官僚资本主义
        - 分清敌友，是革命的首要问题
      - 革命动力
        - 无产阶级(最基本的动力)
        - 农民阶级（主力军），贫雇农是最可靠的同盟军，中农是同盟军（农民问题是中国革命的基本问题，新民主主义革命的实质就是中国共产党领导下的农民革命，中国革命战争实质上就是党领导下的农民战争）
        - 城市小资产阶级是无产阶级的可靠同盟者，包括知识分子、小商人、手工业者和自由职业者
        - 民族资产阶级(动力之一)，具有两面性
      - 领导力量
        - 无产阶级的领导权是中国革命的中心问题，也是新民主主义革命理论的核心问题
        - 无产阶级的领导权是由中国历史和无产阶级的特点决定的
        - 中国无产阶级的优点
          - 基本优点
            - 与先进的生产方式相联系
            - 没有私人占有的生产资料
            - 富于组织纪律性
          - 自身的特点和优点
            - 它从诞生之日起，就身受外国资本主义、本国封建势力和资产阶级的三重压迫，在革命斗争中比任何别的阶级都来得坚决和彻底
            - 它分布集中，有利于无产阶级队伍的组织和团结，有利于革命思想的传播和强大革命力量的形成
            - 它的成员中的大部分出身于破产农民，和农民有着天然的联系
      - 性质和前途
        - 性质：资产阶级民主主义革命
        - 新旧民主主义革命的区别
          - 新民主主义革命是世界无产阶级社会主义革命的一部分
          - 新民主主义革命的领导力量是中国共产党
          - 新民主主义革命的指导思想是马克思列宁主义
          - 新民主主义革命的前途是社会主义
        - 新民主主义革命和社会主义革命
          - 区别：性质不同
          - 联系：新民主主义革命是社会主义革命的必要准备，社会主义革命是新民主主义革命的必然趋势（中国革命“两步走”）
    - 新民主主义的基本纲领
  - 新民主主义革命的道路和基本经验

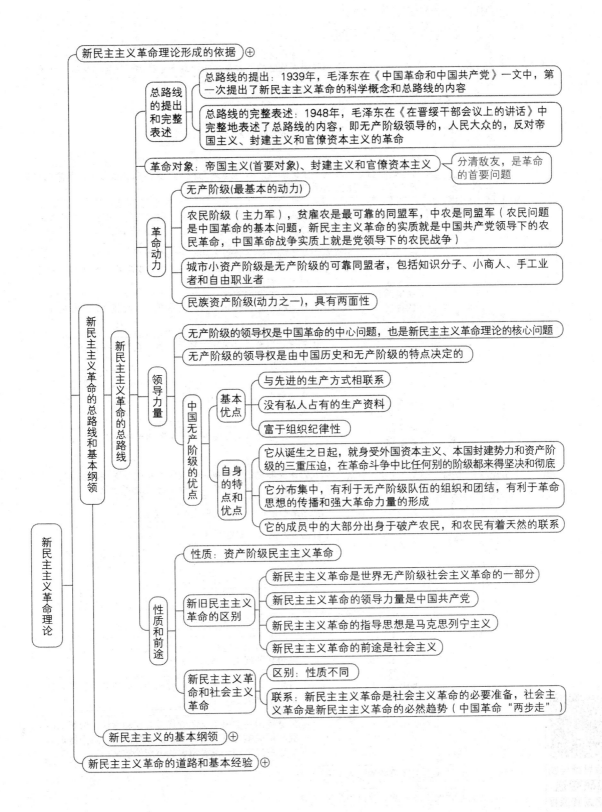

- 新民主主义革命理论
  - 新民主主义革命理论形成的依据 ⊕
  - 新民主主义革命的总路线和基本纲领
    - 新民主主义革命的总路线 ⊕
    - 新民主主义的基本纲领
      - 政治纲领
        - 内容：推翻帝国主义和封建主义的统治，建立无产阶级领导的以工农联盟为基础的、各革命阶级联合专政的新民主主义的共和国
        - 国家政权性质：人民民主专政
        - 国体：各革命阶级联合专政
        - 政体：民主集中制的人民代表大会制度
      - 经济纲领：没收封建地主阶级的土地归农民所有（中心内容），没收官僚资产阶级的垄断资本归新民主主义国家所有(包含着新民主主义革命和社会主义革命的双重性质)，保护民族工商业(极具特色的一项内容)
      - 文化纲领：就是无产阶级领导的人民大众的反帝反封建的文化，即民族的科学的大众的文化 (新民主主义文化中居于指导地位的是共产主义思想)
  - 新民主主义革命的道路和基本经验
    - 新民主主义革命的道路
      - 新民主主义革命道路的提出
        - 毛泽东在《中国的红色政权为什么能够存在?》《井冈山的斗争》《星星之火，可以燎原》中提出了“工农武装割据”的思想，初步形成了农村包围城市的革命道路理论
        - 1938年，六届六中全会确立了农村包围城市、武装夺取政权的革命道路
      - 新民主主义革命道路的必然性和可能性
        - 必然性
          - 内无民主制度，外无民族独立，革命主要斗争形式只能是武装斗争
          - 农民占全国人口的绝大多数，是无产阶级可靠的同盟军和革命的主力军，所以中国革命必须深入农村，充分地发动农民
        - 可行性
          - 中国是政治经济文化发展极不平衡的半殖民地半封建大国(根本原因)
          - 农村深受多重压迫和剥削，人民革命愿望强烈，以及经历过大革命的洗礼，革命的群众基础好(阶级基础)
          - 全国革命形势的继续向前发展(客观条件)
          - 有相当力量的正式红军的存在(坚强后盾)
          - 党的领导的有力量及其政策的不错误 (主观条件)
      - 新民主主义革命道路的内容及意义
        - 内容
          - 土地革命是民主革命的基本内容
          - 武装斗争是中国革命的主要形式，是农村根据地建设和土地革命的强有力保证
          - 农村革命根据地是中国革命的战略阵地，是进行武装斗争和开展土地革命的依托
        - 意义
          - 开辟了引导中国革命走向胜利的正确道路，独创性地发展了马克思列宁主义
          - 是党运用马克思主义的立场、观点和方法，分析、研究和解决中国革命具体问题的光辉典范，对于推进马克思主义中国化具有重要的方法论意义
    - 新民主主义革命的三大法宝 ⊕
    - 新民主主义革命理论的意义 ⊕

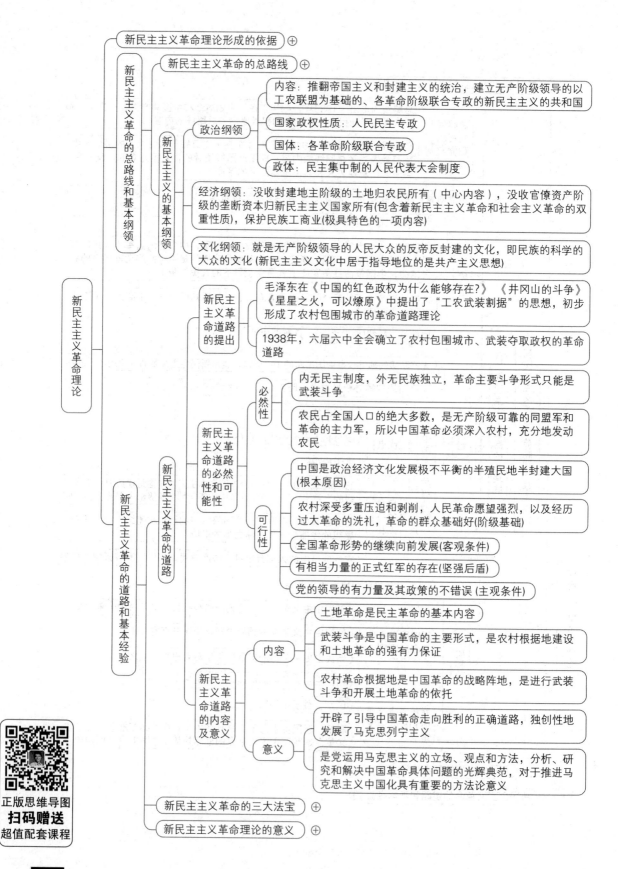

- 新民主主义革命理论
  - 新民主主义革命理论形成的依据 ⊕
  - 新民主主义革命的总路线和基本纲领 ⊕
  - 新民主主义革命的道路和基本经验
    - 新民主主义革命的道路 ⊕
    - 新民主主义革命的三大法宝
      - 统一战线
        - 必要性
          - 由中国半殖民地半封建社会的阶级状况决定的，近代中国是一个两头小(无产阶级、大地主大资产阶级)中间大（农民、城市小资产阶级）的社会
          - 也是由中国革命的长期性、残酷性及其不平衡性决定的
        - 可能性：在半殖民地半封建的中国社会，诸多矛盾交织在一起，客观上为无产阶级及其政党利用这些矛盾建立和发展统一战线提供了可能性
        - 两个联盟
          - 工人阶级同农民阶级、广大知识分子及其他劳动者的联盟（主要是工农联盟）——第一个联盟是统一战线的基础
          - 工人阶级和非劳动人民的联盟(主要是与民族资产阶级的联盟)——只有建立第二个联盟，中国革命的胜利才有完全的保证
        - 党领导的统一战线在不同时期的形式
          - 第一次国共合作的统一战线
          - 工农民主统一战线
          - 抗日民族统一战线(第二次国共合作）
          - 人民民主统一战线
        - 实践经验
          - 要建立巩固的工农联盟
          - 要正确对待资产阶级，尤其是民族资产阶级（实行既联合又斗争的策略）
          - 要采取区别对待的方针：要坚持发展进步势力、争取中间势力、孤立顽固势力的策略方针
          - 要坚持独立自主的原则
      - 武装斗争
        - 武装斗争是中国革命的主要斗争形式（也是中国革命的特点和优点之一）
        - 坚持武装斗争必须建立一支新型的人民军队
        - 建设新型人民军队的经验
          - 坚持中国共产党对军队的绝对领导
          - 要建设全心全意为人民服务的人民军队
          - 要坚持正确的战略战术原则
      - 党的建设
        - 加强党建的必要性
          - 共产党员中，农民和小资产阶级出身的党员占多数
          - 党内无产阶级思想和非无产阶级思想成为党内思想上的主要矛盾
        - 党加强自身建设的经验
          - 必须把思想建设始终放在党的建设的首位，关键是要以无产阶级思想克服和改造各种非无产阶级思想
          - 必须在任何时候都重视党的组织建设
          - 必须重视党的作风建设
          - 必须联系党的政治路线加强党的建设
    - 新民主主义革命理论的意义
      - 解决了在一个以农民为主体的，落后的半殖民地半封建的东方大国里进行革命的一系列理论问题
      - 在当时的历史条件下科学地回答了近代中国革命向何处去的问题，以及中国革命的发展阶段问题
      - 极大地丰富了马克思主义的理论宝库
      - 是马克思主义中国化的重要理论成果，开辟了马克思主义中国化的发展道路，是中国共产党集体智慧的结晶
      - 指导中国人民取得了新民主主义革命的胜利，建立了中华人民共和国
      - 中国新民主主义革命的伟大胜利，是20世纪继俄国十月革命以后改变世界面貌的伟大历史事件，有力地鼓舞和推动了世界上被压迫民族和被压迫人民反抗帝国主义、殖民主义的斗争

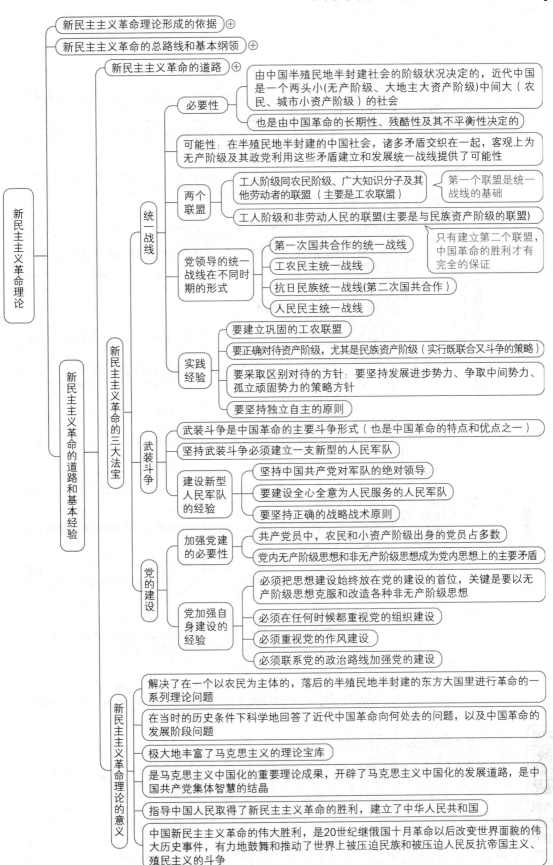

- 社会主义改造理论
  - 从新民主主义到社会主义的转变
    - 新民主主义社会（具有过渡性）
      - 在新民主主义社会中，社会主义的因素不论在经济还是在政治上都已经居于领导地位
      - 五种经济成分
        - 独立经济成分：社会主义性质的国营经济(领导地位)、半社会主义性质的个体经济(农民和手工业者)、私人资本主义经济
        - 过渡经济成分：半社会主义性质的合作社经济（个体经济向集体经济过渡的形式）、国家资本主义经济（私人资本主义经济向社会主义国营经济过渡的形式）
      - 阶级构成：工人阶级、农民阶级和其他小资产阶级、民族资产阶级
      - 主要矛盾：随着土地改革的基本完成，工人阶级和资产阶级的矛盾逐步成为我国社会的主要矛盾
    - 党在过渡时期的总路线及其理论依据
      - 党对过渡时期总路线的认识过程
        - 最初设想：一举过渡
        - 新的认识：同时并举(同步实现工业化与向社会主义社会的过渡)
      - 过渡时期的总路线
        - 主要内容
          - 要在一个相当长的时期内，逐步实现国家的社会主义工业化，并逐步实现国家对农业、手工业、资本主义工商业的社会主义改造
          - 被概括为“一化三改”：可以比喻为鸟的“主体”和“两翼”。其中，“一化”（社会主义工业化）是“主体”，“三改”（对个体农业、手工业和资本主义工商业的社会主义改造）是“两翼”，两者相辅相成、相互促进
        - 理论依据
          - 一是马克思、恩格斯关于从资本主义社会向社会主义社会过渡的理论
          - 二是列宁在十月革命后提出的必须经过一个相当长的从资本主义到社会主义的过渡时期
          - 中国化的过渡时期理论
            - 第一，我国经济和文化的落后，要求一个相当长的时期来创造为保证社会主义完全胜利所必要的经济上和文化上的前提
            - 第二，我国有极其广大的个体的农业和手工业及在国民经济中占很大一部分比重的资本主义工商业，要求一个相当长的时期来改造它们
      - 过渡时期总路线的实质：它将马克思列宁主义关于过渡时期的理论在中国具体化，形成了中国化的过渡时期理论，其实质就是在发展生产力的基础上解决所有制问题，为中国社会主义改造提供了行动指南
  - 社会主义改造道路和历史经验 ⊕
  - 社会主义制度在中国的确立 ⊕

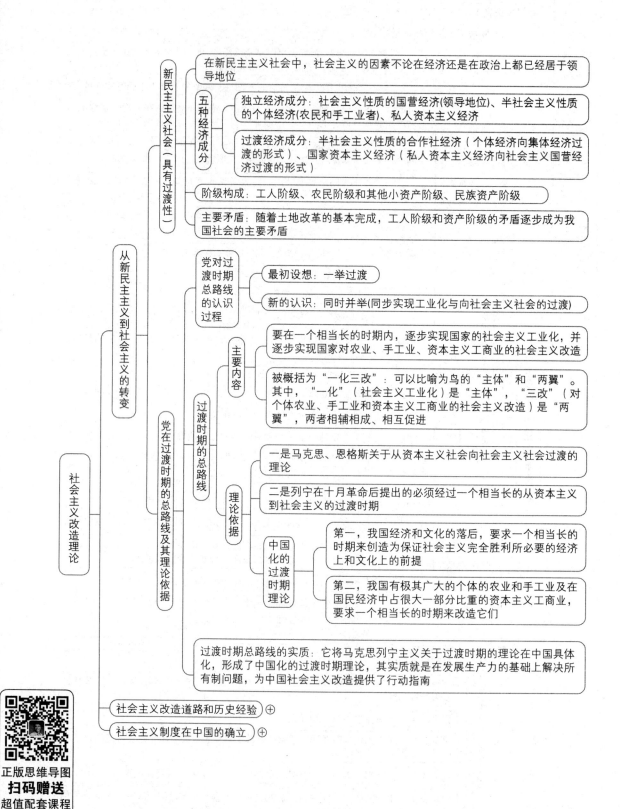

- 社会主义改造理论
  - 从新民主主义到社会主义的转变 ⊕
  - 社会主义改造道路和历史经验
    - 适合中国特点的社会主义改造道路
      - 农业的社会主义改造
        - 道路：互助合作(合作化)
          - 土地改革完成后，我国农民的生产积极性表现在两个方面：一是个体经济的积极性，二是互助合作的积极性
        - 原则：遵循自愿互利、典型示范和国家帮助
        - 制定正确的农村阶级政策：依靠贫下中农，团结其他中农，由限制到逐步消灭富农
        - 方针与步骤：坚持积极领导、稳步前进的方针，采取循序渐进的步骤
          - 第一步：互助组(社会主义萌芽)
          - 第二步：初级社(半社会主义性质)
          - 第三步：高级社(完全的社会主义性质)
      - 手工业的社会主义改造
        - 道路：生产合作(合作化)
        - 方针：积极领导、稳步前进
        - 步骤
          - 手工业供销小组(社会主义萌芽)
          - 手工业供销合作社(半社会主义性质)
          - 手工业生产合作社（社会主义集体所有制／社会主义性质)
      - 资本主义工商业的社会主义改造
        - 方法：和平赎买
          - 重要性
            - 有利于发挥私营工商业在国计民生方面的积极作用，促进国民经济发展
            - 有利于争取和团结民族资产阶级
            - 有利于团结各民主党派和各界爱国民主人士，巩固和发展统一战线
            - 有利于发挥民族资产阶级中大多数人的知识、才能、技术专长和管理经验
            - 有利于争取和团结那些原来同资产阶级相联系的知识分子为社会主义建设服务
          - 可能性
            - 民族资产阶级具有两面性（既有剥削工人的一面，又有拥护宪法、愿意接受社会主义改造的一面）
            - 中国共产党与民族资产阶级长期保持着统一战线的关系（为将工人阶级和民族资产阶级之间存在着的对抗性矛盾转化为非对抗性矛盾提供了前提）
            - 我国已经有了以工人阶级为领导、工农联盟为基础的人民民主专政的国家政权，建立了强大的社会主义国营经济并掌握了国家的经济命脉
            - 当时国家对粮食和工业原料的统购统销，以及资本主义企业中工人群众对资本家的监督等因素
        - 形式：国家资本主义
        - 步骤
          - 第一步，初级形式的国家资本主义(社会主义萌芽)：委托加工、计划订货、统购包销、经销代销；按“四马分肥”的方法分配利润
          - 第二步，高级形式的国家资本主义之一：个别企业的公私合营(半社会主义性质)，仍按“四马分肥”的方法分配利润
          - 第三步，高级形式的国家资本主义之二：全行业的公私合营(社会主义性质)
        - 对资本家改造的结果：把资本主义工商业者改造成为自食其力的社会主义劳动者
    - 社会主义改造的历史经验 ⊕
  - 社会主义制度在中国的确立 ⊕

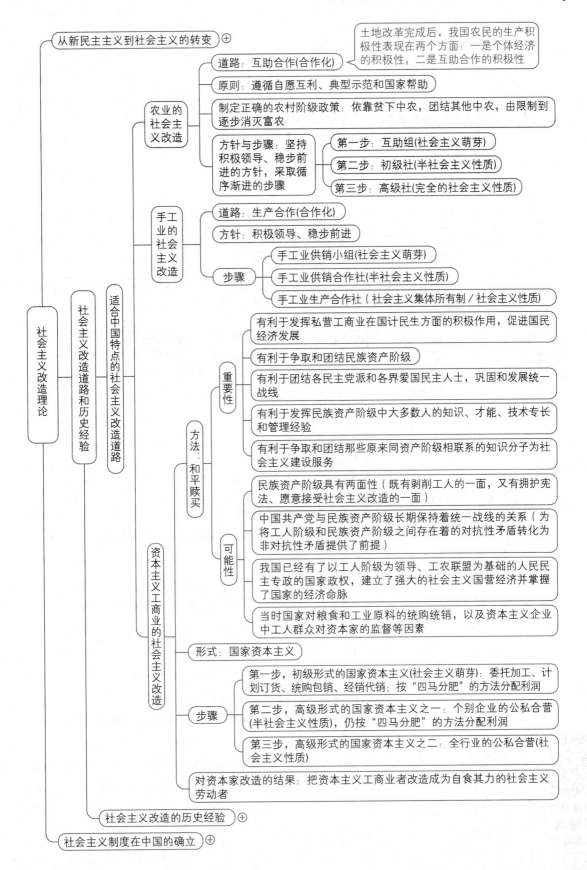

- 社会主义改造理论
  - 从新民主主义到社会主义的转变 ⊕
  - 社会主义改造道路和历史经验
    - 适合中国特点的社会主义改造道路 ⊕
    - 社会主义改造历史经验
      - 历史经验
        - 坚持社会主义工业化建设与社会主义改造同时并举
        - 采取积极引导、逐步过渡的方式
        - 用和平方法进行改造
      - 历史评价：社会主义改造的基本完成是一个伟大的历史性胜利，是中国共产党紧紧依靠人民所做出的伟大创造
  - 社会主义制度在中国的确立
    - 社会主义改造的基本完成（1956年底）
      - 标志着中国历史上长达数千年的阶级剥削制度的结束，社会主义基本制度在我国初步确立，标志着我国进入社会主义初级阶段，完成了从新民主主义向社会主义的过渡
      - 我国的人民民主政治建设：人民代表大会制度的确立与第一部宪法的颁布实施
    - 我国社会阶级关系的根本变化
      - 帝国主义被清除
      - 官僚资产阶级被消灭
      - 原来的地主、富农和民族资产阶级分子被改造成自食其力的社会主义劳动者
      - 工人阶级成为国家的领导阶级
      - 农民和其他个体劳动者已成为社会主义的集体劳动者
      - 知识分子已经为社会主义服务
    - 意义
      - 中国历史上最深刻最伟大的社会变革，为当代中国一切发展进步奠定了制度基础，也为中国特色社会主义制度的创新和发展提供了重要前提
      - 极大地提高了工人阶级和广大劳动人民的积极性、创造性，极大地促进了我国社会生产力的发展
      - 是世界社会主义发展史上又一个历史性的伟大胜利
      - 使广大劳动人民真正成为国家的主人
      - 以其独创性的理论原则和经验总结丰富和发展了科学社会主义理论

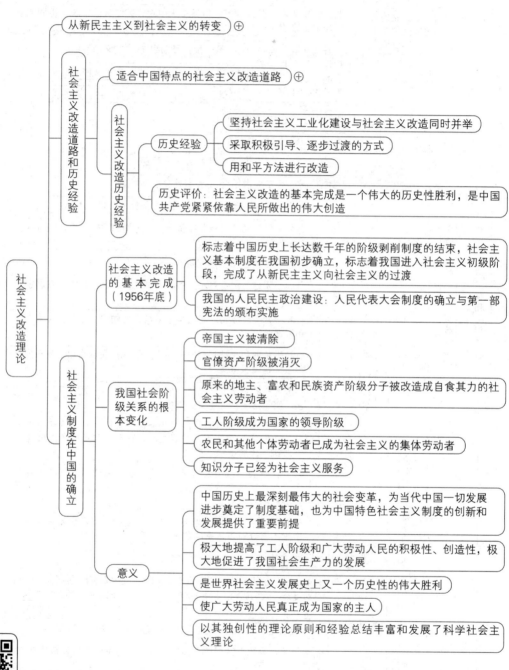

- 社会主义建设道路初步探索的理论成果
  - 初步探索的重要理论成果
    - 调动一切积极因素为社会主义事业服务的思想
      - 1956年，毛泽东在作《论十大关系》的报告时，明确提出以苏为鉴，独立自主地探索适合中国情况的社会主义建设道路（标志着党探索中国社会主义建设道路的良好开端）
      - 基本方针：努力调动党内党外、国内国外的一切积极的因素，为社会主义建设服务
      - 要求
        - 必须坚持中国共产党的领导
        - 必须发展社会主义民主政治
        - 认识社会主义发展阶段和社会主义建设规律：毛泽东提出，社会主义又可分为两个阶段
          - 第一个阶段是不发达的社会主义
          - 第二个阶段是比较发达的社会主义
          - 后一个阶段可能比前一个阶段需要更长的时间
    - 正确认识和处理社会主义社会矛盾的思想
      - 矛盾是普遍存在的，社会主义社会同样充满着矛盾
      - 社会主义社会的基本矛盾
        - 仍然是生产力和生产关系之间的矛盾，经济基础和上层建筑之间的矛盾（是在人民根本利益一致基础上的矛盾，是非对抗性的矛盾）
        - 其运动具有“又相适应又相矛盾”的特点，相适应的一面是基本方面，相矛盾的一面是非基本方面
      - 主要矛盾（八大提出）
        - 人民对于建立先进的工业国的要求同落后的农业国的现实之间的矛盾
        - 人民对于经济文化迅速发展的需求同当前经济文化不能满足人民需要的状况之间的矛盾
      - 存在两种不同性质矛盾的理论
        - 敌我矛盾(对抗性)：用专政的方法（分清敌我）
        - 在一定条件下两类矛盾可以互相转化（人民内部矛盾若处理不当可能发生对抗，对抗性矛盾若处理得当则可以转化为非对抗性）
        - 人民内部矛盾(非对抗性)：用民主的方法，即讨论、批评和说服教育（分清是非）
          - 政治思想上：“团结—批评—团结”方针
          - 利益分配上：“统筹兼顾、适当安排”方针
          - 群众与政府：民主集中制原则
          - 科学文化上：“百花齐放、百家争鸣”方针
          - 党与民主党派：“长期共存，互相监督”方针
          - 不同民族之间：“民族平等、团结互助”方针
      - 正确处理人民内部矛盾的问题是社会主义国家政治生活的主题
      - 社会主义社会矛盾理论的意义：科学揭示了社会主义社会发展的动力，以独创性的内容丰富了马克思主义的理论宝库，为正确处理社会主义社会各种矛盾、创造良好的社会环境和政治环境，提供了基本的理论依据，也为后来的社会主义改革奠定了理论基础
    - 走中国工业化道路的思想 ⊕
    - 初步探索的其他理论成果 ⊕
  - 初步探索的意义和经验教训 ⊕

- 社会主义建设道路初步探索的理论成果
  - 初步探索的重要理论成果
    - 调动一切积极因素为社会主义事业服务 ⊕
    - 正确认识和处理社会主义社会矛盾的思想 ⊕
    - 走中国工业化道路的思想
      - 受苏联影响，我国一度过多强调重工业和基础设施的发展，影响了农业和轻工业的发展
      - 在《关于正确处理人民内部矛盾的问题》中，毛泽东明确提出了以农业为基础，以工业为主导，以农轻重为序发展国民经济的总方针，以及一整套“两条腿走路”的工业化发展思路
      - 走中国工业化道路的要求
        - 必须明确战略目标和战略步骤
        - 必须采取正确的经济建设方针
        - 必须发展科学技术和文化教育
        - 必须重视知识分子工作
        - 必须调整和完善所有制结构
        - 必须积极探索适合我国情况的经济体制和运行机制
    - 初步探索的其他理论成果
      - 关于社会主义现代化建设的战略目标和步骤（三届全国人大一次会议）
        - 战略目标：把中国建设成为一个具有现代农业、现代工业、现代国防和现代科学技术的强国
        - 战略步骤：“两步走”的发展战略，第一步建成一个独立的比较完整的工业体系和国民经济体系，第二步全面实现工业、农业、国防和科学技术现代化，使中国走在世界前列
      - 关于经济建设方针（八大）：既反保守又反冒进、在综合平衡中稳步前进
      - 关于所有制结构的调整：陈云提出了“三个主体，三个补充”的设想（八大）
      - 关于经济体制和运行机制改革：毛泽东主张企业建立合理的规章制度，如“两参一改三结合”
      - 关于社会主义民主政治建设：造成一个又有集中又有民主，又有纪律又有自由，又有统一意志、又有个人心情舒畅、生动活泼，那样一种政治局面
      - 此外，毛泽东以及党的其他领导人还在国防建设和军队建设、实现祖国统一、外交和国际战略、执政党建设等方面，提出了一系列重要思想观点。如党际关系不应影响国家关系、“三个世界划分”的战略构想、永远不称霸的思想
  - 初步探索的意义和经验教训
    - 初步探索的意义
      - 巩固和发展了我国的社会主义制度
      - 为开创中国特色社会主义提供了宝贵经验、理论准备、物质基础
      - 丰富了科学社会主义的理论和实践
    - 初步探索的经验教训
      - 必须把马克思主义与中国实际相结合，探索符合中国特色的社会主义建设道路
      - 必须正确认识社会主义社会的主要矛盾和根本任务，集中力量发展生产力
      - 必须从实际出发进行社会主义建设，建设规模和速度要和国力相适应，不能急于求成
      - 必须发展社会主义民主，健全社会主义法制
      - 必须坚持党的民主集中制和集体领导制度，加强执政党建设
      - 必须坚持对外开放，借鉴和吸收人类文明成果建设社会主义，不能关起门来搞建设

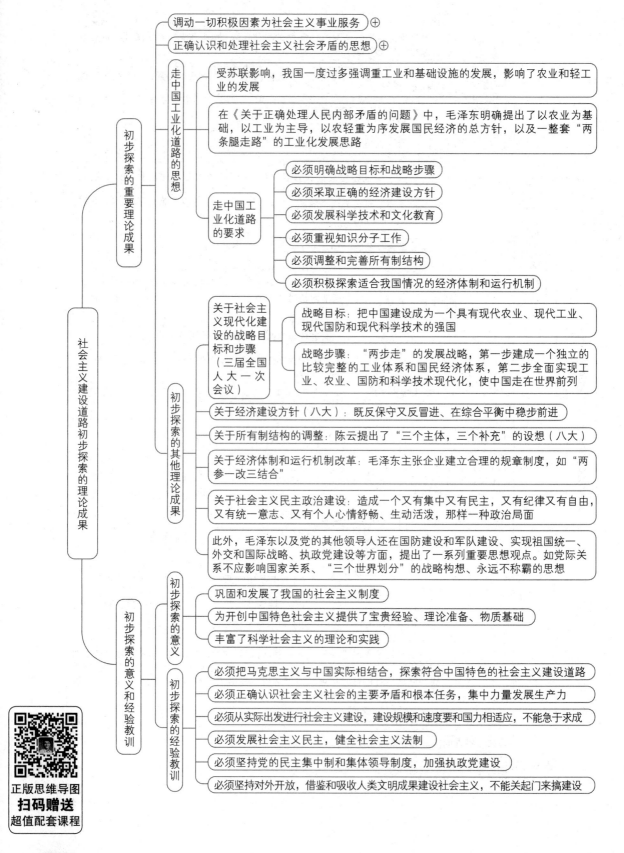

- 邓小平理论
  - 邓小平理论的形成
    - 邓小平理论的形成条件
      - 和平与发展成为时代主题（时代背景）
      - 社会主义建设的经验教训（历史根据）
      - 改革开放和现代化建设的实践的形成条件（现实依据）
    - 邓小平理论的形成过程
      - 十一届三中全会（1978年）：重新确立解放思想、实事求是的思想路线，把全党工作重点转移到社会主义现代化建设上来，作出实行改革开放的重大决策
      - 十二大(1982年)：邓小平理论的主题形成——中国特色社会主义
      - 十二届三中全会（1984年）：通过了《关于经济体制改革的决定》，提出了社会主义经济是公有制基础上的有计划的商品经济
      - 十三大(1987年)：第一次比较系统地论述了我国社会主义初级阶段理论，明确概括和全面阐发了党的“一个中心，两个基本点”的基本路线（这是我们党第一次对中国特色社会主义理论进行系统概括，标志着邓小平理论轮廓的形成）
      - 邓小平南方谈话(1992年)提出了一系列重要论断：社会主义本质、“三个有利于”标准、社会主义可以搞市场经济、“革命和改革都是解放生产力”、“坚持两手抓，两手都要硬”等，标志着邓小平理论逐步走向成熟
      - 十四大(1992年)：第一次提出了“邓小平建设有中国特色社会主义理论”
      - 十五大(1997年)：正式提出“邓小平理论”这一概念，将其确立为党的指导思想并写入党章，后载入宪法
  - 邓小平理论的基本问题和主要内容
    - 邓小平理论回答的基本问题
      - 什么是社会主义、怎样建设社会主义，是邓小平理论的基本问题
      - 社会主义本质
        - 本质的内容：解放生产力(根本任务)，发展生产力(根本途径)，消灭剥削，消除两极分化，最终达到共同富裕(根本目标)
        - 重要意义
          - 这一科学概括，既包括了社会主义社会的生产力问题，又包括了以社会主义生产关系为基础的社会关系问题，是一个有机的整体
          - 为我们坚持公有制又完善和发展公有制指出了明确的方向
          - 遵循了科学社会主义的基本原则，反映了人民的利益和时代的要求，廓清了不合乎时代进步和社会发展规律的模糊观念，摆脱了长期以来拘泥于具体模式而忽略社会主义本质的错误倾向深化了对科学社会主义的认识
    - 邓小平理论的主要内容 ⊕
  - 邓小平理论的历史地位 ⊕

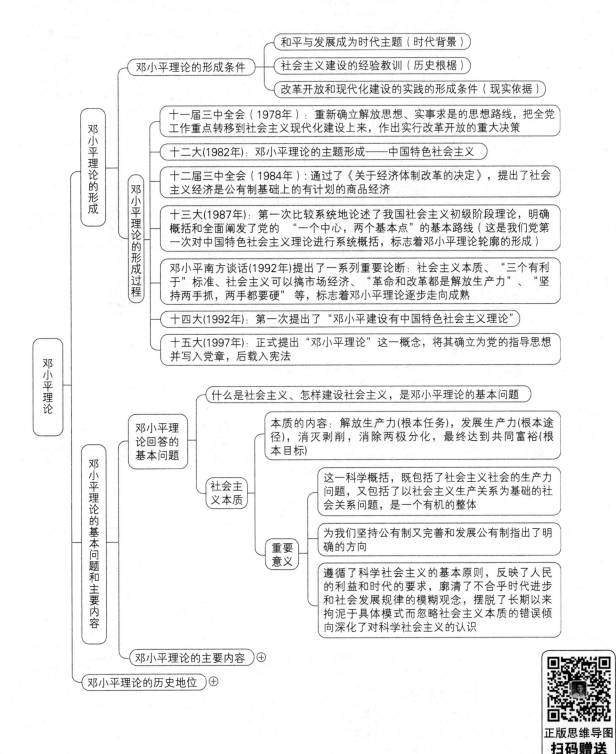

- 邓小平理论
  - 邓小平理论的形成 ⊕
  - 邓小平理论的基本问题和主要内容
    - 邓小平理论回答的基本问题 ⊕
    - 邓小平理论的主要内容
      - 解放思想、实事求是的思想路线，是邓小平理论活的灵魂，是邓小平理论的精髓
        - 1978年中央工作会议，邓小平发表《解放思想，实事求是，团结一致向前看》的讲话
        - 十一届三中全会重新确立了马克思主义的思想路线
        - 1992年初邓小平南方谈话，科学地总结了全面改革中思想解放的进程
      - 社会主义初级阶段理论
        - 党的十三大系统地论述了社会主义初级阶段理论，明确指出，社会主义初级阶段，就是指我国在生产力落后、商品经济不发达条件下建设社会主义必然要经历的特定阶段，即从我国进入社会主义到基本实现社会主义现代化的整个历史阶段
        - 两层含义
          - 我国已经进入社会主义社会，必须坚持而不能离开社会主义
          - 我国的社会主义社会还处在不发达的阶段，必须正视而不能超越初级阶段
        - 意义
          - 是建设中国特色社会主义的总依据
          - 是对马克思主义关于社会主义发展阶段理论的重大发展和重大突破
          - 使我们对社会主义建设的长期性、复杂性、艰巨性有了更加清醒的认识
      - 党的基本路线
        - 基本路线的完整表述：领导和团结全国各族人民，以经济建设为中心，坚持四项基本原则，坚持改革开放，自力更生，艰苦创业，为把我国建设成为富强民主文明的社会主义现代化国家而奋斗
        - 内涵
          - 奋斗目标：建设“富强民主文明的社会主义现代化国家”
          - 基本途径（最主要的内容）：“一个中心，两个基本点”
          - 领导力量和依靠力量：“领导和团结全国各族人民”
          - 根本立足点（优良传统）：“自力更生，艰苦创业”
        - 坚持基本路线的要求
          - 必须紧紧围绕经济建设这一中心
          - 必须把坚持四项基本原则同坚持改革开放结合起来，正确处理改革开放和四项基本原则的关系
        - 意义：党的基本路线是党和国家的生命线、人民群众的幸福线
        - 充实和完善：党的十七大把“和谐”与“富强、民主、文明”一起写入了基本路线。党的十九大不仅将“美丽”纳入了基本路线，而且将“现代化国家”提升为“现代化强国”，扩展了党的基本路线的内涵，提升了社会主义初级阶段的奋斗目标
      - 社会主义根本任务的理论
        - 强调社会主义的根本任务是发展生产力
        - 中国要发展，离不开科学
        - 强调发展是硬道理，中国解决所有问题的关键是要靠自己的发展
        - 发展要抓住机遇
      - “三步走”战略
        - 内容
          - 第一步：从1981年到1990年实现国民生产总值比1980年翻一番，解决人民的温饱问题
          - 第二步：从1991年到20世纪末，使国民生产总值再翻一番，达到小康水平
          - 第三步：到21世纪中叶，国民生产总值再翻两番，达到中等发达国家水平，基本实现现代化
        - 两个重要思想
          - 争取隔几年使国民经济上一个新台阶的“台阶式”发展思想
          - 允许和鼓励一部分地区、一部分人先富起来逐步达到共同富裕的思想
      - 改革开放理论 ⊕
      - 社会主义市场经济理论 ⊕
      - “两手抓，两手都要硬” ⊕
      - “一国两制” ⊕
      - 中国问题的关键在于党 ⊕
  - 邓小平理论的历史地位 ⊕

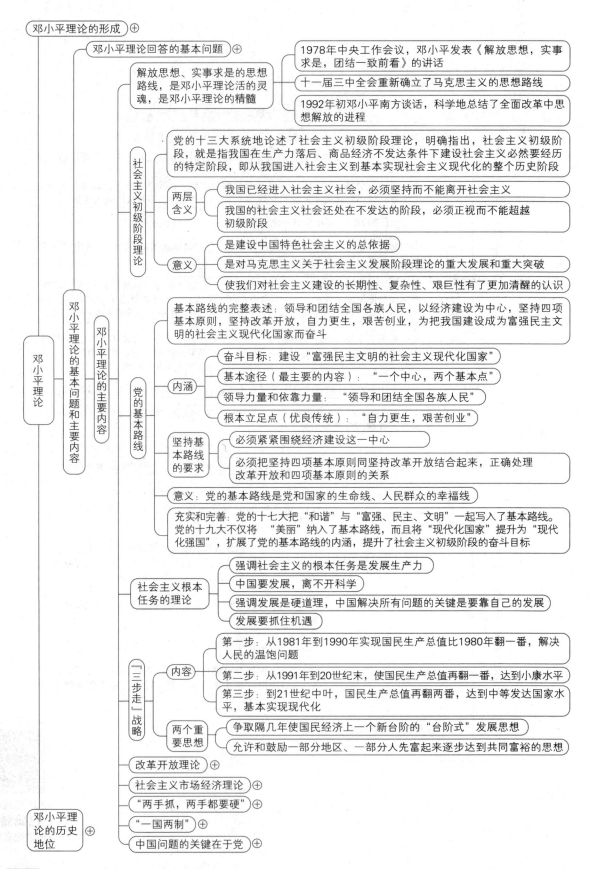

- 邓小平理论
  - 邓小平理论的形成
  - 邓小平理论的基本问题和主要内容
    - 邓小平理论回答的基本问题
    - 邓小平理论的主要内容
      - 解放思想、实事求是的思想
      - 社会主义初级阶段理论
      - 党的基本路线
      - 社会主义根本任务的理论
      - “三步走”战略
      - 改革开放理论
        - 新时期最鲜明的特点是改革开放，“改革是中国的第二次革命”
        - 改革开放是发展中国特色社会主义的必由之路，是决定当代中国命运的关键抉择
        - 改革开放是一场新的伟大革命（改革是社会发展的直接动力）
          - 革命和改革都是解放生产力，目的都是为了扫除社会生产力发展的障碍
          - 改革不是对原有体制的细枝末节的修补，是场深刻而全面的社会变革
          - 其实质是社会主义制度的自我完善和发展
        - 改革的三个“有利于“标准：是否有利于发展社会主义社会生产力，是否有利于增强社会主义国家综合国力(判断改革和各方面工作的是非得失)，是否有利于提高人民的生活水平为标准
        - 如何对外开放
          - 开放也是改革，对外开放是一项基本国策
          - 正确对待资本主义社会创造的现代文明成果
          - 高度珍惜并坚决维护中国人民经过长期奋斗得来的独立自主的权利
      - 社会主义市场经济理论
        - 计划经济和市场经济不是划分社会制度的标志，计划经济不等于社会主义，市场经济也不等于资本主义
        - 计划和市场都是经济手段，对经济活动的调节各有优势和长处，社会主义实行市场经济要把两者结合起来
        - 市场经济作为资源配置的一种方式本身不具有制度属性，与不同的社会制度结合，表现出不同性质
        - 社会主义市场经济的基本特征主要体现在所有制结构、分配制度和宏观调控三个方面
      - “两手抓，两手都要硬”：一手抓物质文明，一手抓精神文明。社会主义精神文明是社会主义社会的重要特征。物质文明和精神文明都搞好，才是中国特色的社会主义
      - 『一国两制』
        - 内容：祖国统一的前提下，国家主体部分实行社会主义制度，台湾、香港、澳门保持原有社会制度和生活方式长期不变
        - 最早针对台湾问题提出，首先运用于解决香港和澳门问题
        - 意义：把和平共处的原则用之于解决一个国家的统一问题，既体现了坚持祖国统一、维护国家主权的原则性，又体现了照顾历史实际和现实可能的灵活性，是对马克思主义国家学说的创造性发展
      - 中国问题的关键在于党
        - 建设中国特色社会主义，关键在于坚持、加强和改善党的领导
        - 加强党的建设，是我们党领导人民取得革命和建设胜利的一个法宝
        - 要加强党的思想建设、组织建设和作风建设
        - 领导制度、组织制度问题更带有根本性、全局性、稳定性和长期性
  - 邓小平理论的历史地位：是马列主义、毛泽东思想的继承和发展，是中国特色社会主义理论体系的开篇之作，是改革开放和社会主义现代化建设的科学指南

- “三个代表”重要思想
  - “三个代表”重要思想的形成
    - 形成条件
      - 是在对冷战结束后国际局势科学判断的基础上形成的
      - 是在科学判断党的历史方位和总结历史经验的基础上提出来的
      - 是在建设中国特色社会主义伟大实践的基础上形成的
    - 形成过程
      - 酝酿阶段：十三届四中全会到党的十五大
      - 2000年，提出了“三个代表”重要思想
      - 十六大：将“三个代表”重要思想与马克思列宁主义、毛泽东思想和邓小平理论一道确立为党必须长期坚持的指导思想，并写入党章
  - “三个代表”重要思想的核心观点和主要内容
    - “三个代表”重要思想的核心观点
      - “三个代表”重要思想在邓小平理论基础上，进一步回答了什么是社会主义，怎样建设社会主义的问题；创造性地回答了建设什么样的党，怎样建设党的问题
      - 核心观点
        - 始终代表中国先进生产力的发展要求
        - 始终代表中国先进文化的前进方向
        - 始终代表中国最广大人民的根本利益(最高衡量标准)
    - “三个代表”重要思想的主要内容
      - 发展是党执政兴国的第一要务
      - 建立社会主义市场经济体制（社会主义市场经济体制的蓝图和基本框架）
        - 把建立社会主义市场经济体制确立为我国经济体制改革的目标
        - 坚持和完善公有制为主体，多种所有制经济共同发展的社会主义基本经济制度
        - 进一步探索公有制特别是国有制的多种有效实现形式
        - 发挥市场机制的作用和国家宏观调控：都是社会主义市场经济体制的内在要求
        - 理顺分配关系，调整和规范国家、企业和个人的分配关系
        - 建立和完善社会保障体系
      - 全面建设小康社会(新“三步走”战略)
        - 21世纪第一个十年国民生产总值翻一番，小康生活更加宽裕
        - “两个一百年”奋斗目标
          - 建党100周年：国民经济更加发展，各项制度更加完善
          - 建国100周年：基本实现现代化，建成富强民主文明的社会主义国家
      - 建设社会主义政治文明
        - 是社会主义现代化建设的重要目标
        - 最根本的就是要坚持党的领导、人民当家作主和依法治国的有机统一
        - 必须坚持依法治国，建设社会主义法治国家
        - 必须进行政治体制改革
      - 推进党的建设新的伟大工程
        - 坚持党在建设中国特色社会主义事业中的领导核心地位，发挥党总揽全局、协调各方的作用，核心是坚持党的先进性
        - 坚持党要管党，从严治党
        - 坚持反对和防止腐败(党的重大政治任务)
        - 重点是加强党的执政能力建设
  - “三个代表”重要思想的历史地位
    - 中国特色社会主义理论体系的接续发展
      - “三个代表”重要思想是对马克思列宁主义、毛泽东思想和邓小平理论的继承和发展，是中国特色社会主义理论体系的重要组成部分，强调社会主义社会是全面发展、全面进步的社会，强调要努力促进人的全面发展，并且科学地揭示了执政党建设的规律
      - 始终做到“三个代表”，是我们党的立党之本、执政之基、力量之源（这里的“本”“基”“源”说到底就是人民群众的支持和拥护）
    - 加强和改进党的建设，推进中国特色社会主义事业的强大理论武器

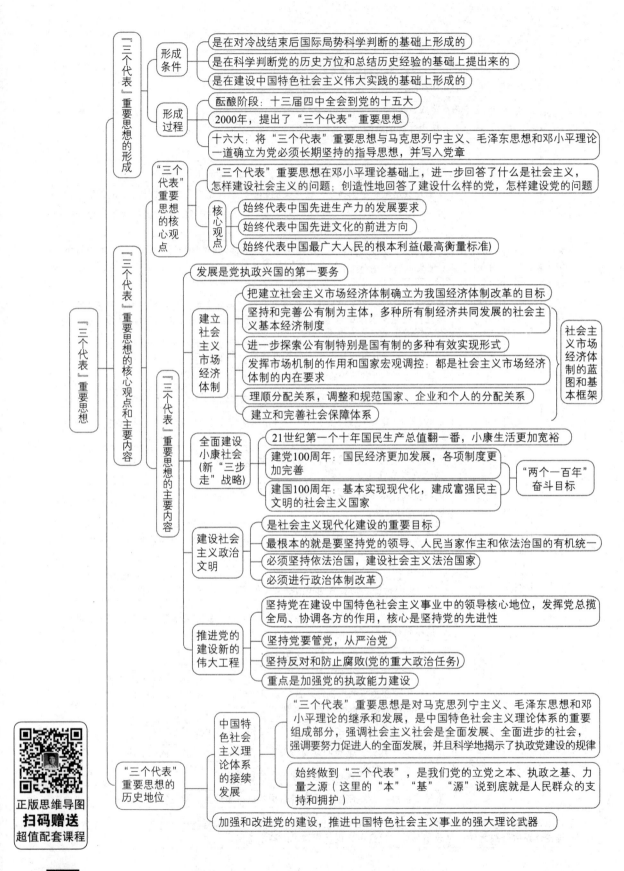

- 科学发展观
  - 科学发展观的形成
    - 形成的条件
      - 科学发展观是在深刻把握我国基本国情和新的阶段性特征的基础上形成和发展的
      - 科学发展观是在深入总结改革开放以来特别是党的十六大以来实践经验的基础上形成和发展的
      - 科学发展观是在深刻分析国际形势、顺应世界发展趋势、借鉴国外发展经验的基础上形成和发展的
    - 形成的过程
      - 科学发展观的提出：在2003年全面总结抗击非典斗争经验中
      - 科学发展观的形成：2004年明确界定了“以人为本”“全面发展”“协调发展”“可持续发展”的深刻内涵和基本要求，并对如何树立和落实科学发展观提出了明确的要求，标志着科学发展观的形成
      - 科学发展观进一步走向成熟：2007年，党的十七大将科学发展观写入党章，成为党必须长期坚持的指导思想，标志着科学发展观进一步走向成熟
  - 科学发展观的科学内涵和主要内容
    - 科学发展观的科学内涵
      - 推动经济社会发展(科学发展观的第一要义)
        - 在当代中国，坚持发展是硬道理的本质要求就是坚持科学发展
        - 坚持科学发展，必须加快转变经济发展方式
        - 坚持科学发展，必须善于抓住和用好机遇
      - 以人为本(科学发展观的核心立场)
        - 就是以最广大人民的根本利益为本
        - 就是坚持发展为了人民，始终把最广大人民的根本利益放在第一位
        - 就是坚持发展依靠人民，从人民群众的伟大创造中汲取智慧和力量
        - 就是坚持发展成果由人民共享，着力提高人民物质文化生活水平
        - 最终是为了实现人的全面发展
      - 全面协调可持续(科学发展观的基本要求)
        - 依据
          - 经过长期发展，我们积累了较为雄厚的物质技术条件
          - 城乡区域发展不平衡、经济社会发展不协调、经济发展与人口资源环境不适应等问题
        - 内涵
          - “全面”：指发展要有全面性、整体性(各个方面都要发展)
          - “协调”：指发展要有协调性、均衡性，各个方面、各个环节的发展要相互适应、相互促进
          - “可持续”：指发展要有持久性、连续性，要保证长远发展
        - 基本要求
          - 坚持全面发展，就是要按照中国特色社会主义事业总体布局，正确认识和把握经济建设、政治建设、文化建设、社会建设、生态文明建设是相互联系、相互促进的有机统一体
          - 坚持协调发展，就是保证中国特色社会主义各个领域协调推进
          - 坚持可持续发展，必须走生产发展、生活富裕、生态良好的文明发展道路
          - 坚持可持续发展，还必须建设生态文明
      - 统筹兼顾(科学发展观的根本方法)
        - 科学发展观根本方法的重要性：深刻体现了唯物辩证法在发展问题上的科学运用，深刻揭示了实现科学发展、促进社会和谐的基本途径，是正确处理经济社会发展中重大关系的方针原则
        - 坚持统筹兼顾的要求
          - 必须正确认识和妥善处理中国特色社会主义事业中的重大关系：统筹城乡、区域、社会经济发展、统筹人与自然和谐发展、统筹国内发展和对外开放
          - 必须认真考虑和对待各方面的发展需要，正确反映和兼顾各阶层各群体的利益要求：正确处理中央与地方、个人与集体、局部与整体、当前与长远、国内与国际的关系
          - 要牢牢掌握统筹兼顾的科学思想方法：努力提高战略思维、创新思维、辩证思维能力
          - 要求我们既立足当前，又着眼长远，做到兼顾各方，综合平衡
    - 科学发展观的主要内容 ⊕
  - 科学发展观的历史地位 ⊕

- 科学发展观
  - 科学发展观的形成
  - 科学发展观的科学内涵和主要内容
    - 科学发展观的科学内涵
    - 科学发展观的主要内容
      - 加快转变经济发展方式
        - 推动经济持续健康发展，必须坚持以科学发展为主题，以加快转变经济发展方式为主线
        - 全面深化经济体制改革（加快转变经济发展方式的关键）
        - 实施创新驱动发展战略（转变经济发展方式的重大战略决策）
        - 推动经济结构战略性调整（提升国民经济整体素质、赢得国际经济竞争主动权的根本途径；加快转变经济发展方式的主攻方向）
        - 促进区域协调发展（我国现代化建设中的一个重大战略）
        - 积极稳妥推进城镇化（优化城乡经济结构、促进国民经济良性循环和社会协调发展的重要措施）
        - 推动城乡发展一体化（解决“三农”问题的根本途径）
        - 实现工业化、信息化、城镇化、农业现代化（我国社会主义现代化建设的战略任务；加快形成新的经济发展方式、促进经济持续健康发展的重要动力）
      - 发展社会主义民主政治
        - 必须坚定不移地走中国特色社会主义政治发展道路，坚持党的领导、人民当家作主、依法治国的有机统一
        - 最重要的就是要坚持好、发展好适合我国国情的社会主义政治制度
        - 社会主义协商民主是我国社会主义民主形式方面的伟大创造
        - 坚定不移地推进依法治国基本方略，是国家长治久安的重要保障
        - 政治体制改革是社会主义政治制度的自我完善和发展，是我国全面改革的重要组成部分
      - 推进社会主义文化强国建设
        - 要树立高度的文化自觉和文化自信，要坚定不移走中国特色社会主义文化发展道路
        - 社会主义核心价值体系：马克思主义指导思想、中国特色社会主义共同理想、以爱国主义为核心的民族精神和以改革创新为核心的时代精神、社会主义荣辱观等构成了社会主义核心价值体系的基本内容
        - 社会主义核心价值观：富强、民主、文明、和谐、自由、平等、公正、法治、爱国、敬业、诚信、友善
      - 构建社会主义和谐社会
      - 推进生态文明建设
      - 全面提高党的建设科学化水平
  - 科学发展观的历史地位

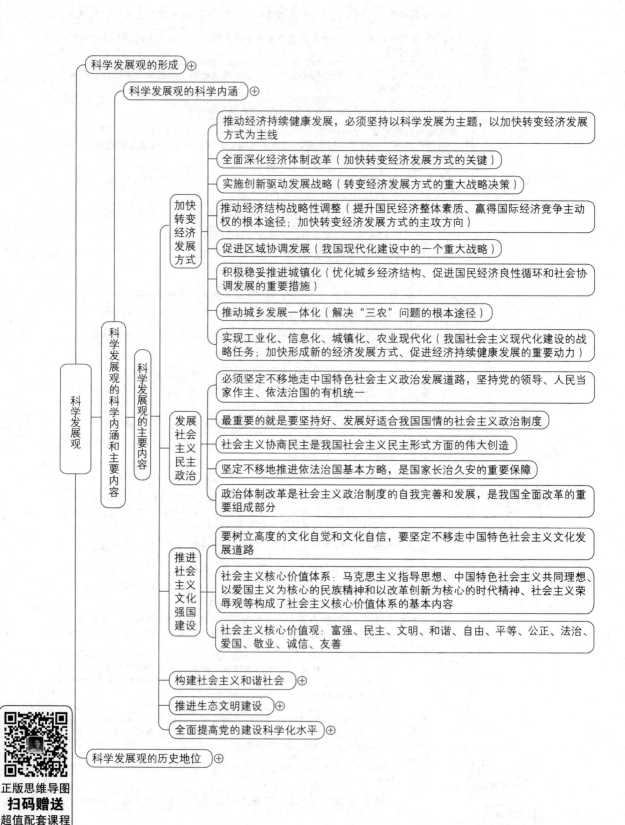

- 科学发展观
  - 科学发展观的形成 ⊕
  - 科学发展观的科学内涵和主要内容
    - 科学发展观的科学内涵 ⊕
    - 科学发展观的主要内容
      - 加快转变经济发展方式 ⊕
      - 发展社会主义民主政治 ⊕
      - 推进社会主义文化强国建设 ⊕
      - 构建社会主义和谐社会
        - 社会和谐是中国特色社会主义的本质属性
        - 内涵：经济建设、政治建设、文化建设、社会建设、生态文明建设协调发展的社会，是人与人、人与社会、人与自然整体和谐的社会
        - 要求：民主法治、公平正义、诚信友爱、充满活力、安定有序、人与自然和谐相处，是构建社会主义和谐社会的总要求
      - 推进生态文明建设
        - 实质：就是要建设以资源环境承载力为基础、以自然规律为准则、以可持续发展为目标的资源节约型、环境友好型社会
        - 要求
          - 要坚持节约资源和保护环境的基本国策，坚持节约优先、保护优先、自然恢复为主的方针
          - 要加大自然生态系统和环境保护力度
      - 全面提高党的建设科学化水平
        - 执政能力建设(根本建设)
        - 保持和发展党的先进性(根本任务和永恒课题)
  - 科学发展观的历史地位
    - 中国特色社会主义理论体系的接续发展
      - 强调坚持以经济建设为中心，把发展生产力作为首要任务，把经济发展作为一切发展的前提，体现了生产力是人类社会发展的基础
      - 科学发展观最鲜明的精神实质是解放思想、实事求是、与时俱进、求真务实
      - 科学发展观同邓小平理论、“三个代表”思想在理论主题、思想基础、政治理想、根本立场上一以贯之
    - 发展中国特色社会主义必须长期坚持的指导思想
      - 科学发展观是我们党执政理念的丰富和发展，是全面建设小康社会，加快推进社会主义现代化的根本指针
      - 科学发展观是指导全面建成小康社会、发展中国特色社会主义的正确理论

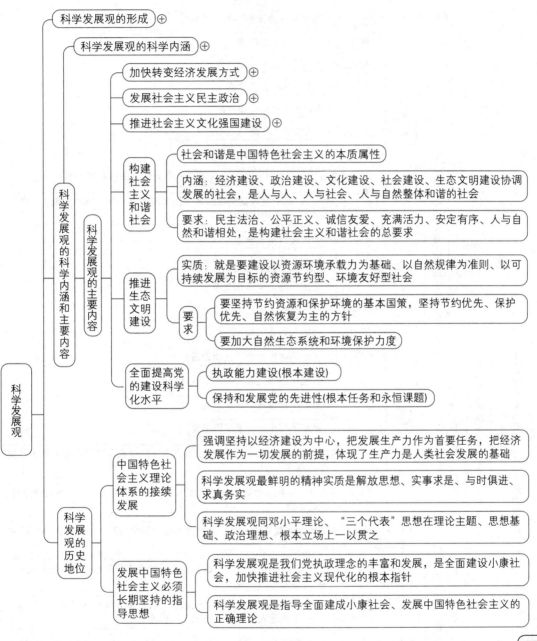

- 习近平新时代中国特色社会主义思想及其历史地位
  - 中国特色社会主义进入新时代
    - 新时代标志我国发展新的历史方位
      - 成就
        - 主要表现(十个方面)
          - 经济建设取得重大成就
          - 全面深化改革取得重大突破
          - 民主法治建设迈出重大步伐
          - 思想文化建设取得重大进展
          - 人民生活不断改善
          - 生态文明建设成效显著
          - 强军兴军开创新局面
          - 港澳台工作取得新进展
          - 全方位外交布局深入展开
          - 全面从严治党成效显著
        - 特点
          - 全方位：成就体现在各个方面、各个领域，全面开花、处处结果
          - 开创性：历史性成就使我国各方面面貌为之一新，欣欣向荣，气象万千，焕发出无限生机和活力
      - 变革
        - 主要表现(九个方面)
          - 党的领导得到全面加强
          - 坚定不移贯彻新发展理念
          - 坚定不移全面深化改革
          - 坚定不移全面推进依法治国
          - 加强党对意识形态工作的领导
          - 坚定不移推进生态文明建设
          - 坚定不移推进国防和军队现代化
          - 坚定不移推进中国特色大国外交
          - 坚定不移推进全面从严治党
        - 特点
          - 深层次:变革具有以往无可比拟的力度，广度和深度在古今中外改革史上自古未有
          - 根本性：变革直击要害，触及本质，对未来发展具有方向性和决定性的深远影响
    - 社会主要矛盾的变化
      - 科学判断社会主要矛盾的重要性：对社会主要矛盾的科学判断，是制定党的路线方针政策的基本依据
      - 1956年三大改造基本完成时我国社会主要矛盾(八大)
        - 人民对于建立先进的工业国的要求同落后的农业国的现实之间的矛盾
        - 人民对于经济、文化迅速发展的需要同当前经济文化不能满足人民需要的状况之间的矛盾
      - 1981年我国社会主要矛盾（十一届六中全会）：人民日益增长的物质文化需要同落后的社会生产之间的矛盾
      - 当前我国社会主要矛盾（十九大）
    - 新时代的内涵和意义 ⊕
  - 习近平新时代中国特色社会主义思想的主要内容 ⊕
  - 习近平新时代中国特色社会主义思想的历史地位 ⊕

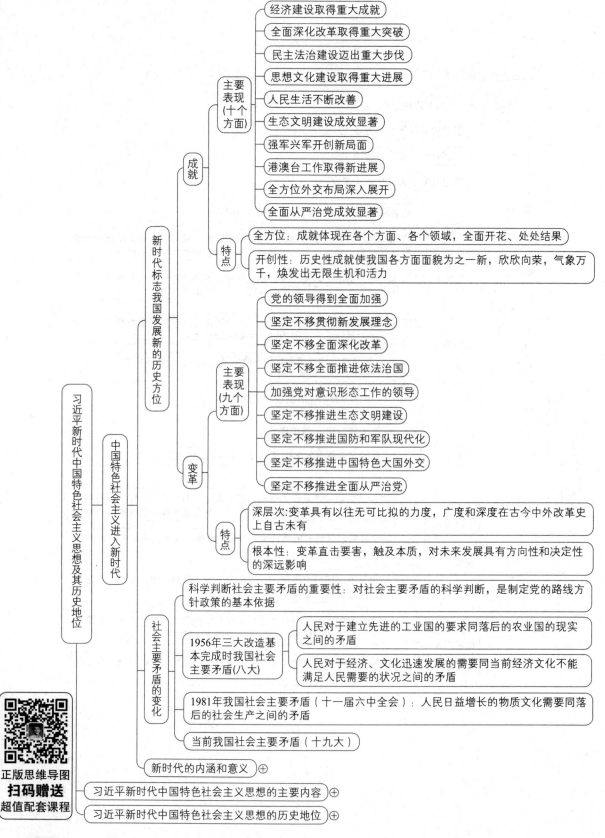

- 习近平新时代中国特色社会主义思想及其历史地位
  - 中国特色社会主义进入新时代
    - 新时代标志我国发展新的历史方位⊕
    - 社会主要矛盾的变化
      - 科学判断社会主要矛盾的重要性⊕
      - 1956年三大改造基本完成时我国社会主要矛盾（八大）⊕
      - 1981年我国社会主要矛盾（十一届六中全会）⊕
      - 当前我国社会主要矛盾（十九大）
        - 主要矛盾：人民日益增长的美好生活需要和不平衡不充分的发展之间的矛盾
        - 矛盾转化的依据
          - 社会生产方面：社会生产力水平总体显著提高，很多方面进入社会前列
          - 社会需求：人民生活水平显著提高，对美好生活的向往更加强烈，在民主法治、公平正义、安全环境等方面要求日益增长
          - 影响满足人们美好生活需要的因素很多，但主要是发展的不平衡不充分问题
        - 我国社会主要矛盾的变化，没有改变我们对我国社会主义所处历史阶段的判断，我国仍处于并将长期处于社会主义初级阶段的基本国情没有变，我国是世界上最大的发展中国家的国际地位没有变
    - 新时代的内涵和意义
      - 新的历史方位：经过长期努力，中国特色社会主义进入了新时代，这是我国发展新的历史方位
      - 中国特色社会主义进入了新时代的依据
        - 首先基于我国发展站到新的历史起点上；基于我国社会主要矛盾发生了新变化
        - 基于党的奋斗目标有了新要求；基于我国面临的国际环境发生了新变化
      - 新时代的内涵
        - 是承前启后、继往开来，在新的历史条件下继续夺取中国特色社会主义伟大胜利的时代
        - 是决胜全面建成小康社会、进而全面建设社会主义现代化强国的时代
        - 是全国各族人民团结奋斗、不断创造美好生活、逐步实现全体人民共同富裕的时代
        - 是全体中华儿女戮力同心、奋力实现中华民族伟大复兴中国梦的时代
        - 是我国日益走近世界舞台中央、不断为人类作出更大贡献的时代
      - 重大意义
        - 意味着近代以来久经磨难的中华民族迎来了从站起来、富起来到强起来的伟大飞跃，迎来了实现中华民族伟大复兴的光明前景
        - 意味着科学社会主义在21世纪的中国焕发出强大生机活力，在世界上高高举起了中国特色社会主义伟大旗帜
        - 意味着中国特色社会主义道路、理论、制度、文化不断发展，拓展了发展中国家走向现代化的途径，给世界上那些既希望加快发展又希望保持自身独立性的国家和民族提供了全新选择，为解决人类问题贡献了中国智慧和中国方案
  - 习近平新时代中国特色社会主义思想的主要内容⊕
  - 习近平新时代中国特色社会主义思想的历史地位⊕

习近平新时代中国特色社会主义思想及其历史地位

- 中国特色社会主义进入新时代 ⊕
- 习近平新时代中国特色社会主义思想的主要内容
  - 核心要义：坚持和发展中国特色社会主义，是改革开放以来我们党全部理论和实践的鲜明主题，也是习近平新时代中国特色社会主义思想的核心要义
  - 所回答的问题：坚持和发展什么样的中国特色社会主义；怎样坚持和发展中国特色社会主义
  - 习近平中国特色社会主义思想的丰富内涵（『八个明确』）
    - 明确坚持和发展中国特色社会主义的总任务：实现社会主义现代化和中华民族伟大复兴，在全面建成小康社会的基础上，分两步走在本世纪中叶建成富强民主文明和谐美丽的社会主义现代化强国
    - 明确新时代我国社会主要矛盾：人民日益增长的美好生活需要和不平衡不充分的发展之间的矛盾，必须坚持以人民为中心的发展思想，不断促进人的全面发展、全体人民共同富裕
    - 明确中国特色社会主义事业总布局是“五位一体”、战略布局是“四个全面”，强调坚定道路自信、理论自信、制度自信和文化自信
    - 明确全面深化改革总目标：完善和发展中国特色社会主义制度，推进国家治理体系和治理能力现代化
    - 明确全面推进依法治国总目标：建设中国特色社会主义法治体系、建设社会主义法治国家
    - 明确党在新时代的强军目标是建设一支听党指挥、能打胜仗、作风优良的人民军队，把人民军队建设成为世界一流军队
    - 明确中国特色大国外交要推动构建新型国际关系，推动构建人类命运共同体
    - 明确中国特色社会主义最本质的特征是中国共产党领导，中国特色社会主义制度的最大优势是中国共产党领导，党是最高政治领导力量，提出新时代党的建设总要求，突出政治建设在党的建设中的重要地位
    - “八个明确”是习近平新时代中国特色社会主义思想的理论部分，重点讲怎么看，回答的是新时代坚持和发展什么样的中国特色社会主义的问题
  - 坚持和发展中国特色社会主义的基本方略（“十四个坚持”）
    - 坚持党对一切工作的领导
    - 坚持以人民为中心
    - 坚持全面深化改革
    - 坚持新发展理念
    - 坚持人民当家作主
    - 坚持全面依法治国
    - 坚持社会主义核心价值体系
    - 坚持在发展中保障和改善民生
    - 坚持人与自然和谐共生
    - 坚持总体国家安全观
    - 坚持党对人民军队的绝对领导
    - 坚持“一国两制”和推进祖国统一
    - 坚持推动构建人类命运共同体
    - 坚持全面从严治党
    - “十四个坚持”是习近平新时代中国特色社会主义思想的实践部分，重点讲怎么办，回答的是新时代怎样坚持和发展中国特色社会主义的问题
- 习近平新时代中国特色社会主义思想的历史地位
  - 开辟了马克思主义新境界（是当代最现实最鲜活的马克思主义）
  - 开辟了中国特色社会主义新境界（中国特色社会主义是改革开放以来党的全部理论和实践的主题）
  - 对人类文明进步具有重要意义
  - 新时代的精神旗帜：是新时代党和人民共同奋斗的精神旗帜，体现了科学社会主义理论逻辑与中国社会发展历史逻辑的辩证统一，是当今时代最富中国味、最具中国魂的科学理论
  - 实现中华民族伟大复兴的行动指南
    - 为新时代坚持和发展中国特色社会主义提供了根本指引
    - 为新时代治国理政提供了基本遵循
    - 为全面从严治党、把党建设成为中国特色社会主义事业的坚强领导核心提供了强大思想武器

- 坚持和发展中国特色社会主义的总任务
  - 实现中华民族伟大复兴的中国梦
    - 中华民族近代以来最伟大的梦想
      - 坚持和发展中国特色社会主义的总任务：实现社会主义现代化和中华民族伟大复兴，在全面建成小康社会的基础上，分两步走在本世纪中叶建成富强民主文明和谐美丽的社会主义现代化强国
      - 中国梦是中华民族伟大复兴的形象表述
      - 中国梦的诠释
        - 中华民族的昨天，“雄关漫道真如铁”
        - 中华民族的今天，“人间正道是沧桑”
        - 中华民族的明天，“长风破浪会有时”
      - 中国梦的意义：这一重要战略思想，是以习近平同志为核心的党中央对全体人民的庄严承诺，是党和国家面向未来的政治宣言，充分体现了我们党高度的历史担当和使命追求，为坚持和发展中国特色社会主义注入了崭新内涵
    - 中国梦的科学内涵
      - 中国梦的本质
        - 国家富强
        - 民族振兴
        - 人民幸福
        - 三者含义
          - 国家富强、民族振兴是人民幸福的基础和保障
          - 人民幸福是国家富强、民族振兴的题中之义和必然要求
          - 人民幸福是国家富强、民族振兴的根本出发点和落脚点
      - 中国梦的最大特点：把国家、民族和个人作为一个命运共同体，把国家利益、民族利益和每个人的具体利益紧紧联系在一起，体现了中华民族的“家国天下”情怀
      - 中国梦归根到底是人民的梦
        - 人民是中国梦的主体，是中国梦的创造者和享有者
        - 中国梦是国家的梦、民族的梦，也是每一个中国人的梦
      - 中国梦与世界各国人民的美好梦想相通
    - 奋力实现中国梦
      - 实现中国梦必须走中国道路、弘扬中国精神、凝聚中国力量
        - 中国道路(根本途径)：中国特色社会主义道路
        - 中国精神：以爱国主义为核心的民族精神和以改革创新为核心的时代精神
        - 中国力量：全国各族人民大团结的力量
      - 实现中华民族伟大复兴是海内外中华儿女的共同梦想
      - 实干才能梦想成真
      - 实现中国梦任重而道远，需要锲而不舍、驰而不息的艰苦努力
      - 实现中国梦需要和平，只有和平才能实现梦想（中国梦是追求和平的梦）
  - 建成社会主义现代化强国的战略安排 ⊕

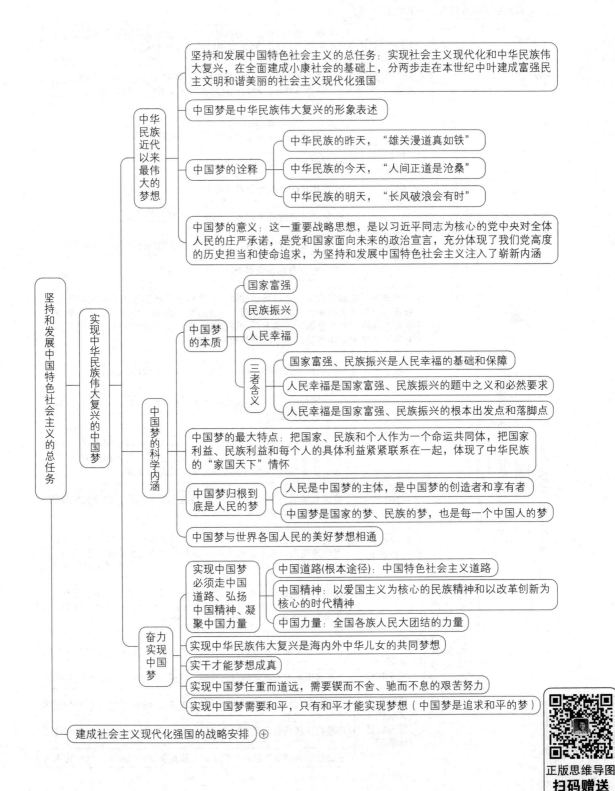

- 坚持和发展中国特色社会主义的总任务
  - 实现中华民族伟大复兴的中国梦 ⊕
  - 建成社会主义现代化强国的战略安排
    - 开启全面建设社会主义现代化强国的新征程
      - 实现社会主义现代化强国“两步走”战略
        - 第一步(2020年—2035年)：在全面建成小康社会的基础上，再奋斗15年，基本实现社会主义现代化
        - 第二步(2035年—本世纪中叶)：在基本实现现代化的基础上，再奋斗15年，把我国建成富强民主文明和谐美丽的社会主义现代化强国
      - “两步走”战略特点
        - 把基本实现社会主义现代化的时间提前15年
        - 战略目标中增加了“美丽”
        - 不再提GDP翻番之类的指标
      - “两步走”战略的原因
        - 我们的发展成就巨大，超出了预期
        - 未来我国发展的潜力仍然很大，长期向好的态势没有改变
        - 有利于激励全党各族人民为之奋斗
      - “两步走”战略的意义：这一战略安排，是在综合分析国际国内形势和我国发展条件之后作出的重大决策，也是我们党适应我国发展实际作出的必然选择，还可以保持“四个全面”战略布局的连续性，对动员全党全国各族人民万众一心实现中华民族伟大复兴的中国梦具有重大意义
      - 高度重视国家发展战略的谋划和实施，是我们党的一个优良传统
    - 实现社会主义现代化强国“两步走”战略的具体安排
      - 从2020年到2035年，基本实现社会主义现代化的目标要求
        - 在经济建设方面：我国经济实力、科技实力将大幅跃升，跻身创新型国家前列
        - 在政治建设方面：人民平等参与、平等发展权利得到充分保障，法治国家、法治政府、法治社会基本建成，各方面制度更加完善，国家治理体系和治理能力现代化基本实现
        - 在文化建设方面：社会文明程度达到新的高度，国家文化软实力显著增强，中华文化影响更加广泛深入
        - 在民生和社会建设方面：人民生活更为宽裕，中等收入群体比例明显提高，城乡区域发展差距和居民生活水平差距显著缩小，基本公共服务均等化基本实现，全体人民共同富裕迈出坚实步伐
        - 在生态文明建设方面：生态环境根本好转，美丽中国目标基本实现。清洁低碳、安全高效的能源体系和绿色低碳循环发展的经济体系基本建立，生态文明制度更加健全
      - 从2035年到本世纪中叶，建成社会主义现代化强国的目标要求
        - 一是我国将拥有高度的物质文明，建成富强的社会主义现代化强国
        - 二是我国将拥有高度的政治文明，建成民主的社会主义现代化强国
        - 三是我国将拥有高度的精神文明，建成文明的社会主义现代化强国
        - 四是我国将拥有高度的社会文明，建成和谐的社会主义现代化强国
        - 五是我国将拥有高度的生态文明，建成美丽的社会主义现代化强国

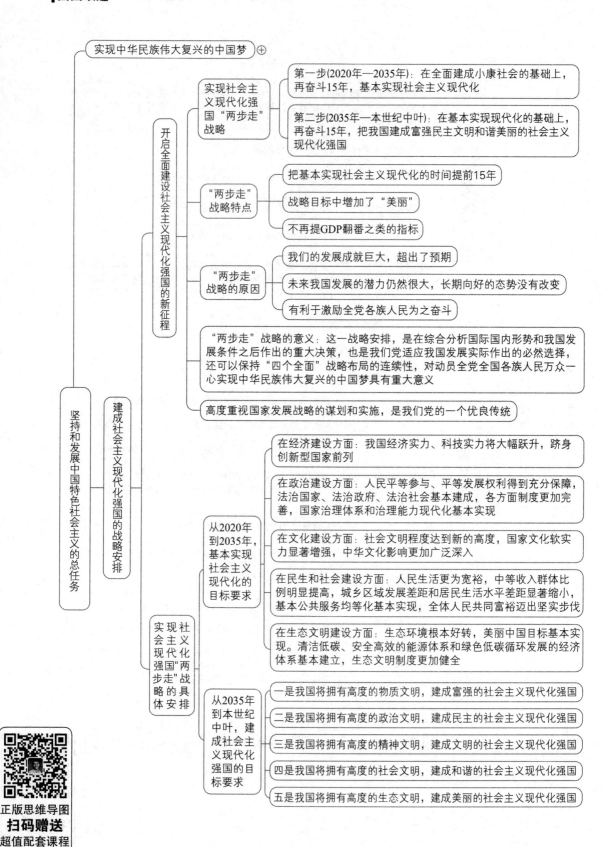

- “五位一体”总体布局
  - 建设现代化经济体系
    - 贯彻新发展理念
      - 新发展理念的科学内涵
        - 创新是引领发展的第一动力
          - 创新注重的是解决发展动力问题
          - 创新是国家综合国力和核心竞争力的最关键因素
        - 协调
          - 协调是持续健康发展的内在要求
          - 协调注重的是解决发展不平衡问题(协调既是发展手段又是发展目标，同时还是评价发展的标准和尺度)
        - 绿色是永续发展的必要条件（绿色注重的是解决人与自然和谐共生问题）
        - 开放是国家繁荣发展的必由之路（开放注重的是解决发展内外联动问题）
        - 共享是中国特色社会主义的本质要求
          - 共享注重的是解决社会公平正义问题
          - 共享发展理念的内涵：全民共享、全面共享、共建共享、渐进共享
    - 使市场在资源配置中起决定作用、更好发挥政府作用
    - 深化供给侧结构性改革
      - 主要任务
        - 推进增长动能转换，以加快发展先进制造业为重点全面提升实体经济
        - 深化要素市场化配置改革，实现以价取胜向以质取胜的转变
        - 加大人力资本培育力度，更加注重调动和保护人的积极性
        - 持续推进“三去一降一补”，优化市场供求结构
      - 根本目的：使我国供给能力更好满足广大人民日益增长，不断升级和个性化的物质文化和生态环境需要，重点是解放和发展社会生产力
      - 供给侧管理和需求侧管理的不同
        - 需求侧管理：重在解决总量性问题，注重短期调控，通过调节税收、财政支出、货币信贷等，进而推动经济增长
        - 供给侧管理：重在解决结构性问题，注重激发经济增长动力，主要通过优化要素配置和调整生产结构来推动经济增长
    - 建设现代化经济体系的主要任务 ⊕
  - 发展社会义主民主政治 ⊕
  - 推动社会主义文化繁荣兴盛 ⊕
  - 坚持在发展中保障和改善民生 ⊕
  - 建设美丽中国 ⊕

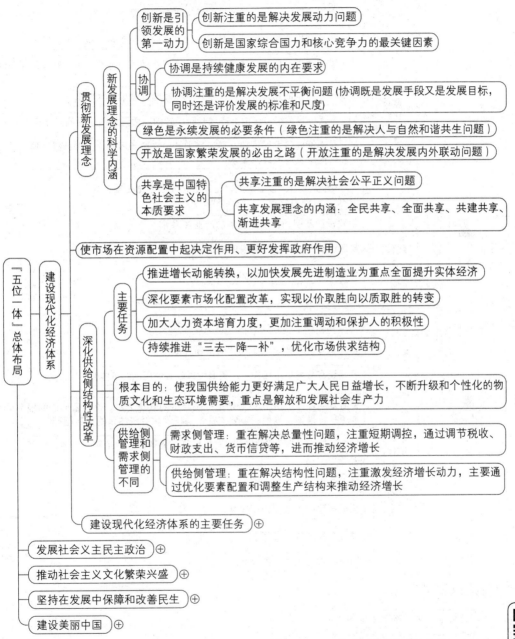

- 『五位一体』总体布局
  - 建设现代化经济体系
    - 贯彻发展理念 ⊕
    - 深化供给侧结构性改革 ⊕
    - 建设现代化经济体系的主要任务
      - 建设现代化经济体系的背景
        - 增长速度：要从高速增长转向中高速增长
        - 发展方式：要从规模速度型转向质量效率型
        - 经济结构调整：要从增量扩能为主转向调整存量，做优增量并举
        - 发展动力：要从主要依据资源和低成本劳动力等要素投入转向创新驱动
      - 建设现代化经济体系的重要意义
        - 是开启全面建设社会主义现代化国家新征程的重大任务
        - 是适应我国经济已由高速增长阶段转向高质量发展阶段的必然要求
        - 是遵循经济发展规律、适应我国社会主要矛盾变化、保持经济持续健康发展的必然要求
      - 现代化经济体系的科学内涵（一个提高、六个体系、一个体制）
        - 坚持质量第一、效益优先，推动经济发展质量变革、效率变革、动力变革，提高全要素生产率
        - 要建设创新引领、协同发展的产业体系
        - 要建设统一开放、竞争有序的市场体系
        - 要建设体现效率、促进公平的收入分配体系
        - 要建设彰显优势、协调联动的城乡区域发展体系
        - 要建设资源节约、环境友好的绿色发展体系
        - 要建设多元平衡、安全高效的全面开放体系
        - 要建设充分发挥市场作用、更好发挥政府作用的经济体制
      - 建设现代化经济体系的主要任务
        - 大力发展实体经济(实体经济是一国经济的立身之本，是财富创造的根本源泉，是国家强盛的重要支柱，是现代化经济体系的坚实基础)
        - 加快实施创新驱动发展战略(发展是第一要务，人才是第一资源，创新是第一动力)
        - 激发各类市场主体活力
        - 积极推动城乡区域协调发展
        - 着力发展开放型经济
        - 加快完善社会主义市场经济体制
  - 发展社会主义民主政治 ⊕
  - 推动社会主义文化繁荣兴盛 ⊕
  - 坚持在发展中保障和改善民生 ⊕
  - 建设美丽中国 ⊕

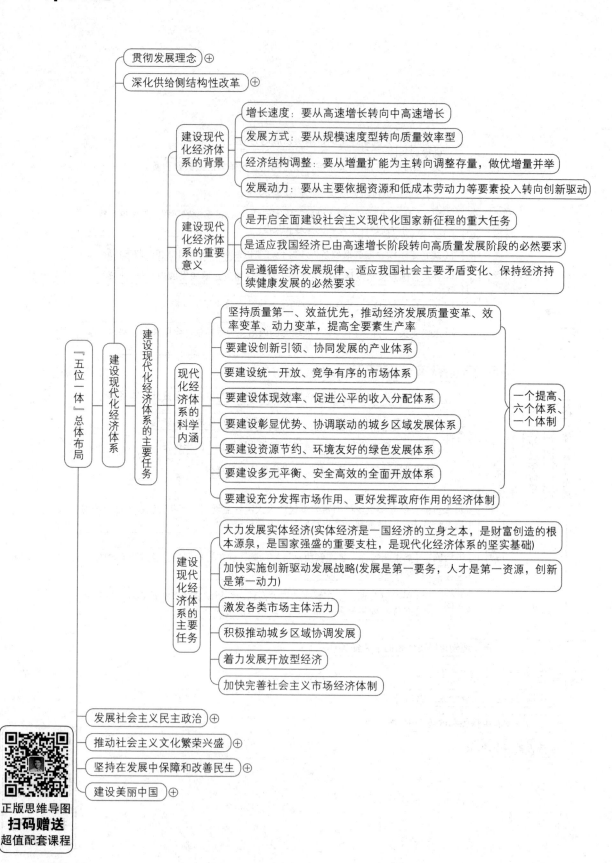

- “五位一体”总体布局
  - 建设现代化经济体系 ⊕
  - 发展社会主义民主政治
    - 坚持中国特色社会主义政治发展道路
      - 中国特色社会主义政治发展道路的内涵
        - 是近代以来中国人民长期奋斗历史逻辑、理论逻辑、实践逻辑的必然结果
        - 是坚持党的本质属性、践行党的根本宗旨的必然要求
        - 确保人民享有更加广泛、更加充分、更加真实的民主权利，让社会主义民主的优越性更加充分地展示出来
      - 坚持中国特色社会主义政治发展道路的要求
        - 必须坚持党的领导、人民当家作主、依法治国有机统一
          - 党的领导(人民当家作主和依法治国的根本保证)
          - 人民当家作主(社会主义民主政治的本质特征)
          - 依法治国(党领导人民治理国家的基本方式)
          - 三者统一于社会主义民主政治伟大实践
        - 必须坚持正确的政治方向
          - 需要借鉴国外政治文明有益成果，但绝不能放弃中国政治制度的根本
          - 坚定对中国特色社会主义政治制度的自信，增强走中国特色社会主义政治发展道路的信心和决心
        - 必须深化党和国家机构改革，全面提升国家治理能力和治理水平
    - 健全人民当家作主制度体系
      - 人民民主专政(国体)
        - 实质上是无产阶级专政，表现在性质、作用、职能、历史使命相同
        - 目的：体现人民意志、保障人民权益、激发人民创造活力，用制度体系保证人民当家作主
      - 人民代表大会制度(政体)
        - 是符合中国国情、体现中国社会主义国家性质、能够保证中国人民当家作主的根本政治制度和最高实现形式
        - 是党在国家政权中充分发扬民主、贯彻群众路线的最好实现形式
        - 是中国社会主义政治文明的重要制度载体
        - 我国的根本政治制度
      - 社会主义协商民主 ⊕
      - 中国共产党领导的多党合作和政治协商制度 ⊕
      - 民族区域自治制度 ⊕
      - 基层群众自治制度 ⊕
    - 巩固和发展爱国统一战线 ⊕
    - 坚持“一国两制”，推进祖国统一 ⊕
  - 推动社会主义文化繁荣兴盛 ⊕
  - 坚持在发展中保障和改善民生 ⊕
  - 建设美丽中国 ⊕

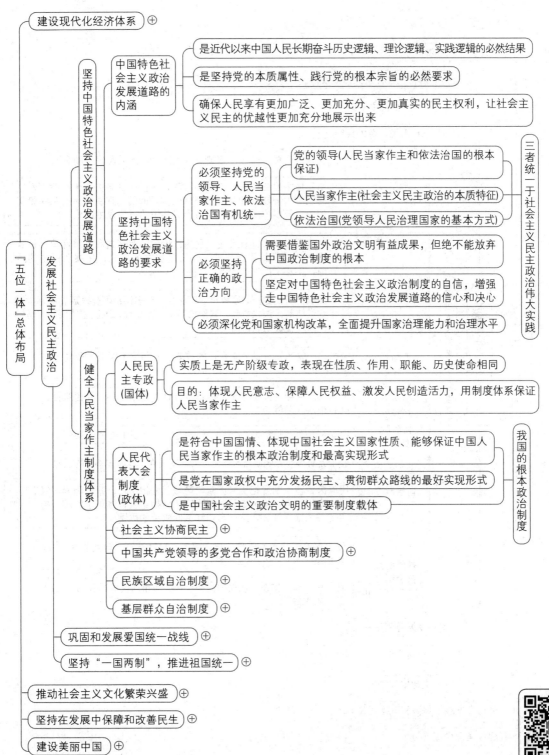

- 『五位一体』总体布局
  - 建设现代化经济体系 ⊕
  - 发展社会主义民主政治
    - 坚持中国特色社会主义政治发展道路 ⊕
    - 健全人民当家作主制度体系
      - 人民民主专政 ⊕
      - 人民代表大会制度 ⊕
      - 社会主义协商民主
        - 有事好商量，众人的事情由众人商量，是人民民主的真谛
        - 协商民主是在中国共产党领导下，人民内部各方面围绕改革发展稳定重大问题和涉及群众利益的实际问题，在决策之前和决策实施中，开展广泛协商，努力形成共识的重要民主形式
        - 协商民主是中国社会主义民主政治的特有形式和独特优势，是实现党的领导的重要方式，丰富了民主的形式，拓展了民主的渠道，丰富了民主的内涵
        - 发展协商民主，必须推进协商民主广泛多层制度化发展，统筹推进政党协商、人大协商、政府协商、政协协商、人民团体协商、基层协商及社会组织协商
      - 中国共产党领导的多党合作和政治协商制度（我国的基本政治制度）
        - 中国共产党的领导是多党合作的首要前提和根本保证，多党合作是核心内容
        - 中国其产党与各民主党派合作基本方针：长期共存、互相监督、肝胆相照、荣辱与共
        - 中国人民政治协商会议主要职能：政治协商、民主监督、参政议政
      - 民族区域自治制度（我国的基本政治制度）
        - 核心是保障少数民族当家作主，管理本民族、本地方事务的权利
        - 民族区域自治制度把民族因素与区域因素相结合、政治因素与经济因素相结合，把历史因素与现实因素相结合，体现了我国坚持实行各民族平等、团结、合作和共同繁荣的原则
      - 基层群众自治制度（我国的基本政治制度）
        - 促进群众实行自我管理、自我服务、自我教育、自我监督（中国最直接、最广泛的民主实践）
        - 基层民主自治体系：农村村民委员会、城市居民委员会和企业职工代表大会
    - 巩固和发展爱国统一战线 ⊕
    - 坚持“一国两制”，推进组国统一 ⊕
  - 推动社会主义文化繁荣兴盛 ⊕
  - 坚持在发展中保障和改善民生 ⊕
  - 建设美丽中国 ⊕

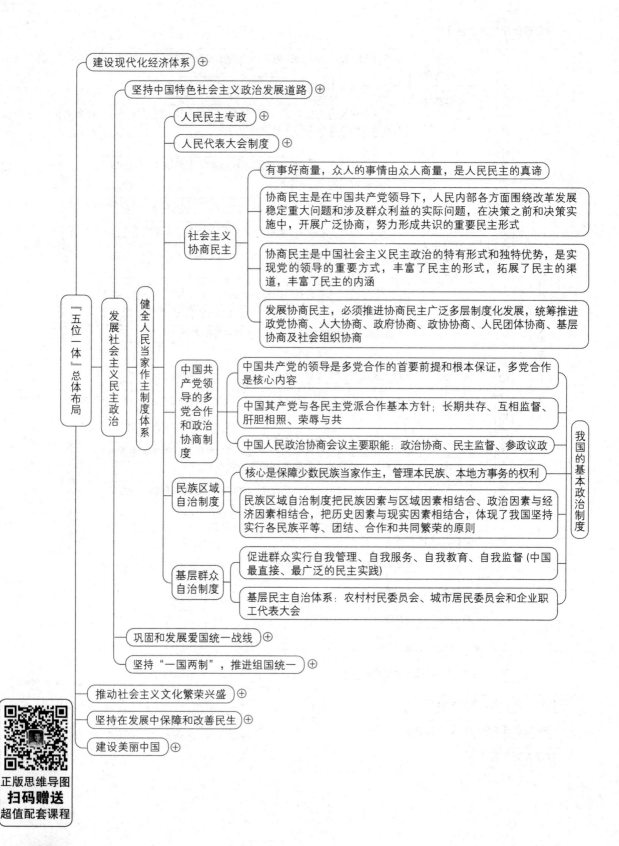

- 「五位一体」总体布局
  - 建设现代化经济体系 ⊕
  - 发展社会主义民主政治
    - 坚持中国特色社会主义政治发展道路 ⊕
    - 健全人民当家做主制度体系 ⊕
    - 巩固和发展爱国统一战线
      - 统一战线是党的事业取得胜利的重要法宝，是党的一个政治优势，必须继续巩固和发展
      - 爱国统一战线的内容：由中国共产党领导的，有各民主党派和各人民团体参加的，包括全体社会主义劳动者、社会主义事业的建设者、拥护社会主义的爱国者、拥护祖国统一和致力于中华民族伟大复兴的爱国者的广泛的爱国统一战线
      - 巩固和发展爱国统一战线
        - 坚持长期共存、互相监督、肝胆相照、荣辱与共，支持民主党派按照中国特色社会主义参政党要求更好履行职能
        - 深化民族团结进步教育，铸牢中华民族共同体意识
        - 全面贯彻党的宗教工作基本方针，坚持我国宗教的中国化方向，积极引导宗教与社会主义社会相适应
        - 牢牢把握大团结大联合的主题，做好统战工作
    - 坚持“一国两制”，推进祖国统一
      - 全面准确贯彻“一国两制”方针
        - 必须始终准确把握“一国”和“两制”的关系
        - 必须始终依照宪法和基本法办事
        - 必须始终聚焦发展这个第一要务
        - 必须始终维护和谐稳定的社会环境
      - 扎实推进祖国和平统一进程
        - 解决台湾问题、实现祖国完全统一，是全体中华儿女共同愿望，是中华民族根本利益所在，是新时代中国共产党、中国政府的三大历史任务之一
        - 扎实推进祖国和平统一进程的要求
          - 坚持“和平统一、一国两制”方针
          - 推动两岸关系和平发展
          - 坚持一个中国原则和“九二共识”
          - 坚持反对和遏制任何形式的“台独”
          - 秉持和践行“两岸一家亲”理念
          - 携手同心共圆民族复兴中国梦
  - 推动社会主义文化繁荣兴盛 ⊕
  - 坚持在发展中保障和改善民生 ⊕
  - 建设美丽中国 ⊕

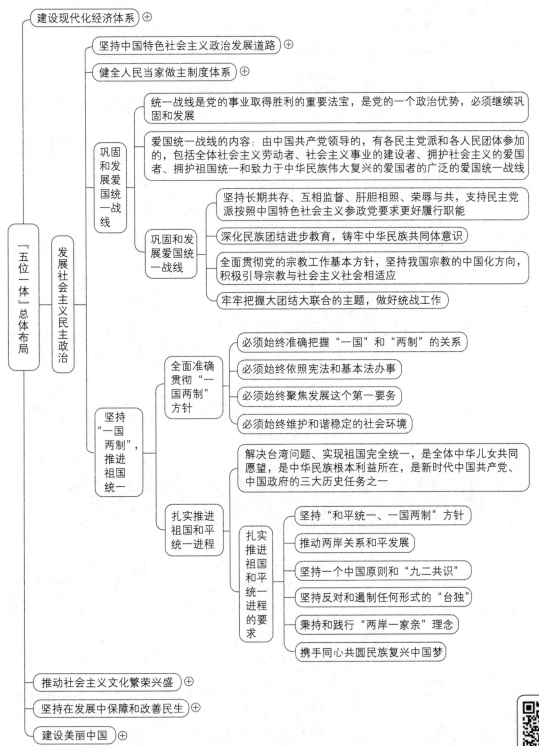

- “五位一体”总体布局
  - 建设现代化经济体系 ⊕
  - 发展社会主义民主政治 ⊕
  - 推动社会主义文化繁荣兴盛
    - 坚持中国特色社会主义文化发展道路
    - 建设具有强大凝聚力和引领导力的社会主义意识形态
      - 意识形态工作的重要性
        - 意识形态关乎旗帜、关乎道路、关乎国家政治安全，决定文化前进方向和道路
        - 建设中国特色社会主义文化，必须建设具有强大凝聚力、引领力的社会主义意识形态
        - 只有巩固马克思主义在意识形态领域的指导地位、牢牢掌握意识形态工作领导权，才能使全体人民在理想信念、价值理念、道德观念上紧紧团结在一起
      - 牢牢掌握意识形态工作领导权的要求
        - 要旗帜鲜明坚持马克思主义指导地位
        - 要加快构建中国特色哲学社会科学
        - 要坚持正确的舆论方向
        - 要建设好网络空间
        - 要落实好意识形态工作责任制
    - 培育践行社会主义核心价值观
      - 核心价值观的重要性：是一个民族赖以维系的精神纽带，是一个国家共同的思想道德基础
      - 社会主义核心价值观的基本内容
        - 富强、民主、文明、和谐(回答了我们要建设什么样的国家)
        - 自由、平等、公正、法治(回答了我们要建设什么样的社会)
        - 爱国、敬业、诚信、友善(回答了我们要培育什么样的公民)
      - 社会主义核心价值体系的基本内容：由马克思主义指导思想、中国特色社会主义共同理想、以爱国主义为核心的民族精神和以改革创新为核心的时代精神、社会主义荣辱观四个方面构成
      - 社会主义核心价值观与社会主义核心价值体系的关系：社会主义核心价值观是社会主义核心价值体系的内核凝练和集中表达，体现着社会主义核心价值体系的根本性质和基本特征，反映着社会主义核心价值体系的丰富内涵和实践要求
      - 培育和践行社会主义核心价值观
        - 要把社会主义核心价值观融入社会生活各个方面
        - 要坚持全民行动、干部带头，从家庭做起、从娃娃抓起
        - 必须立足中华优秀传统文化和革命文化
        - 必须发扬中国人民在长期奋斗中培育、继承、发展起来的伟大民族精神（即伟大创造精神、伟大奋斗精神、伟大团结精神和伟大梦想精神）
    - 坚定文化自信，建设社会主义文化强国
      - 文化与建设文化强国的重要性
        - 文化是一个国家、一个民族的灵魂，是人民的精神家园，也是政党的精神旗帜
        - 当今时代，文化在综合国力竞争中的地位日益重要
        - 实现中华民族伟大复兴，迫切要求我国由一个文化大国转变成为一个文化强国
      - 文化强国的含义：文化强国是指一个国家具有强大的文化力量。这种力量既表现为具有高度文化素养的国民，也表现为发达的文化产业，还表现为强大的文化软实力
      - 建设社会主义文化强国的要求
        - 必须培养高度的文化自信
        - 必须大力发展文化事业和文化产业
        - 必须提高国家文化软实力
          - 要努力弘扬中国文化，推进中华文化创新发展
          - 要讲好中国故事，传播好中国声音，阐释好中国特色
          - 要加强当代中国价值观念的提炼与阐释，拓展对外传播平台和载体，创新对外话语表达方式和传播渠道
  - 坚持在发展中保障和改善民生 ⊕
  - 建设美丽中国 ⊕

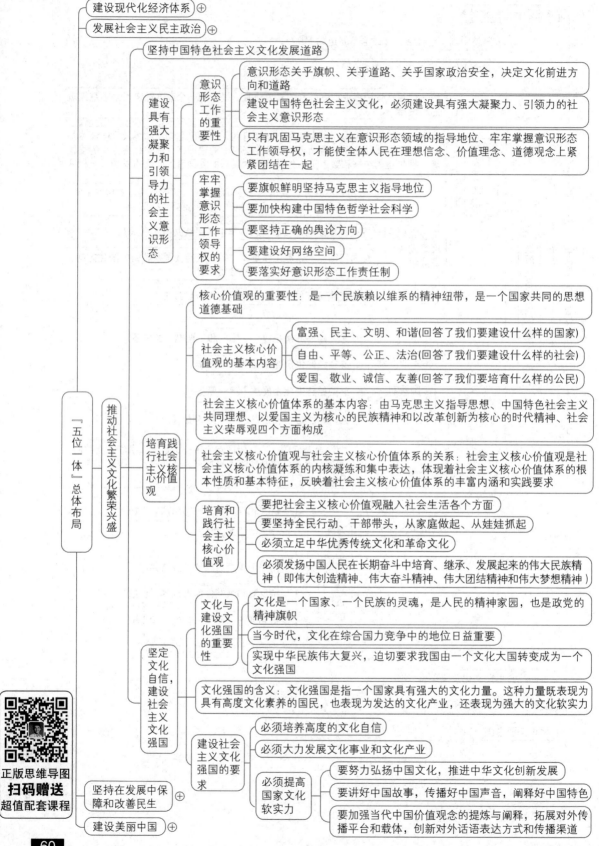

- 『五位一体』总体布局
  - 建设现代化经济体系 ⊕
  - 发展社会主义民主政治 ⊕
  - 推动社会主义文化繁荣兴盛 ⊕
  - 坚持在发展中改善和保障民生
    - 提高保障和改善民生水平
      - 重要性：民生是人民幸福之基、社会和谐之本。人民对美好生活的向往就是我们的奋斗目标
      - 措施
        - 优先发展教育事业
        - 提高就业质量和人民收入水平（就业是最大的民生）
        - 加强社会保障体系建设
        - 坚决打赢脱贫攻坚战（消除贫困、改善民生、逐步实现共同富裕是社会主义的本质要求，是我们党的重要使命）
        - 实施健康中国战略(人民健康是民族昌盛和国家富强的重要标志)
    - 坚决打赢脱贫攻坚战
    - 加强和创新社会治理
      - 重要性：社会治理是社会建设的重大任务，是国家治理的重要内容
      - 措施
        - 创新社会治理体制
          - 坚持完善党委领导、政府负责、社会协同、公众参与、法治保障的社会治理体制
          - 在发挥好政府治理作用的基础上，健全利益表达、利益协调、利益保护机制
          - 加强社会治理基础制度建设
        - 改进社会治理方式：治理主要体现的是坚持系统治理、依法治理、源头治理、综合施策
        - 加强预防和化解社会矛盾机制建设：完善社会矛盾排查预警机制，健全重大决策社会稳定风险评估机制，完善矛盾纠纷多元化解机制，改革信访工作制度
        - 加强社会心理服务体系建设
        - 加强社区治理体系建设：社会治理的重心要向基层下移落到城乡社区
    - 坚持总体国家安全观
      - 内涵：坚持国家利益至上，以人民安全为宗旨，以政治安全为根本，以经济安全为基础，以军事、文化、社会安全为保障，以促进国家安全为依托，维护各领域国家安全，构建国家安全体系，走中国特色国家安全道路
      - 必要性
        - 坚持国家总体安全观，统筹发展和安全，增强忧患意识，做到居安思危，是我们党治国理政的一个重大原则
        - 新时代我国面临复杂多变的安全和发展环境，可以预见和难以预见的风险因素明显增多，各方面风险可能不断积累甚至集中显露
      - 要求
        - 完善国家安全体系
        - 健全公共安全体系
        - 推进平安中国建设
        - 加强国家安全能力建设
        - 加强国家安全教育
  - 建设美丽中国 ⊕

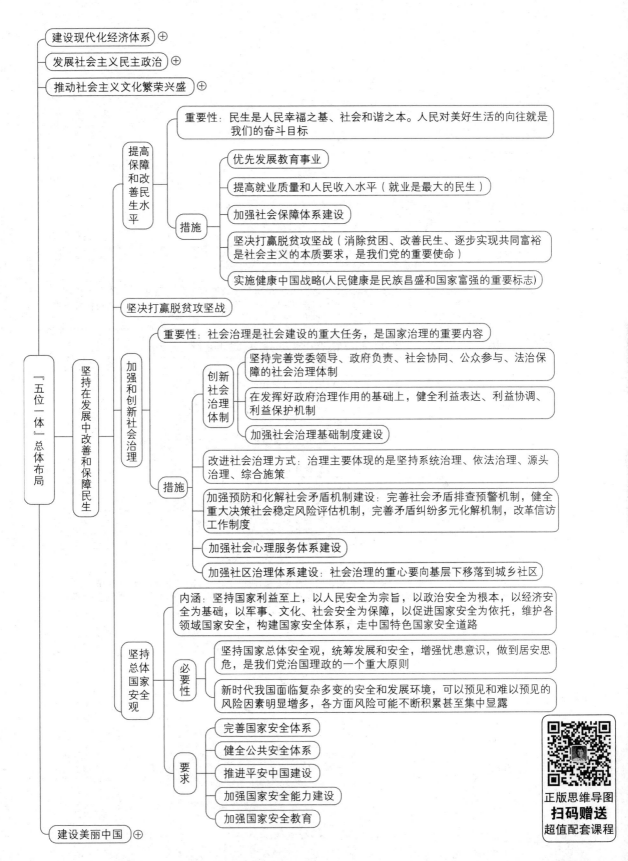

- 「五位一体」总体布局
  - 建设现代化经济体系 ⊕
  - 发展社会主义民主政治 ⊕
  - 推动社会主义文化繁荣兴盛 ⊕
  - 坚持在发展中保障和改善民生 ⊕
  - 建设美丽中国
    - 生态文明建设的内涵及其重要性
      - 建设生态文明是中华民族永续发展的千年大计，关系人民福祉，关乎民族未来，功在当代，利在千秋
      - 生态文明建设，是指人类在利用和改造自然的过程中，主动保护自然，积极改善和优化人与自然的关系，建设健康有序的生态运行机制和良好的生态环境
      - 我们要建设的现代化是人与自然和谐共生的现代化
    - 坚持人与自然和谐共生(生态文明的核心)
      - 尊重自然，是人与自然相处时应秉持的首要态度
      - 顺应自然，是人与自然相处时应遵循的基本原则
      - 保护自然，是人与自然相处时应承担的重要责任
    - 形成人与自然和谐发展新格局(“两山理论”：绿水青山就是金山银山)
      - 节约资源放在首位
      - 坚持保护优先、自然恢复为主
      - 着力推进绿色发展、循环发展、低碳发展
      - 形成节约资源和保护环境的空间格局、产业结构、生产方式、生活方式
    - 加快生态文明体制改革
      - 要求：深化生态文明体制改革，尽快把生态文明的四梁八柱建立起来，把生态文明建设纳入制度化、法治化轨道，用制度保障生态环境、推进生态文明建设
      - 措施
        - 推动绿色发展
        - 着力解决突出环境问题
        - 加大生态系统保护力度
        - 改革生态环境监管体制

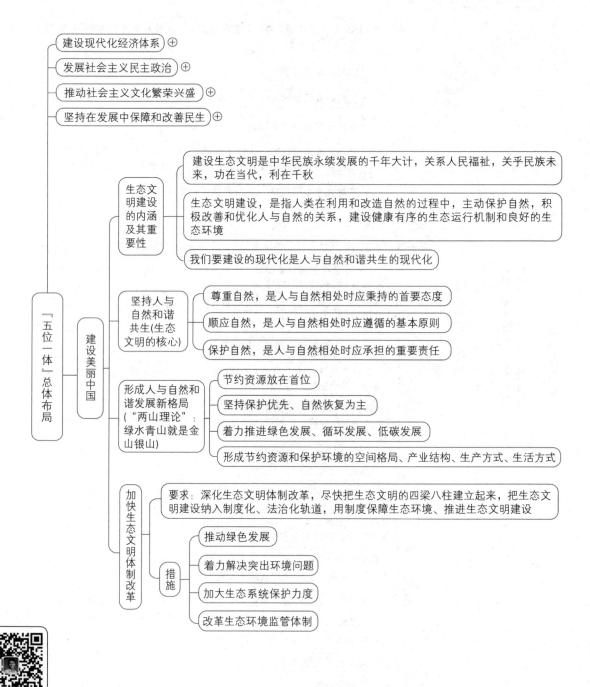

- “四个全面”战略布局
  - 四个全面战略布局的内部关系
    - 全面建成小康社会（引领地位）—— 战略目标
    - 全面深化改革(动力源泉、关键一招、具有突破性和先导性的关键环节)
    - 全面依法治国(法治保障、重要基石)
    - 全面从严治党(根本保证、必然要求)
    - （以上三项）—— 战略举措
    - 全面深化改革、全面依法治国如“鸟之两翼”或“车之双轮”
  - 全面建成小康社会
    - 全面建成小康社会的内涵
      - 整体内涵：全面建成小康社会中的“小康”讲的是发展水平，“全面”讲的是发展的平衡性、协调性、可持续性（更重要、更难做到的是“全面”）
      - “全面小康”的内涵
        - 全面小康，覆盖的领域要全面，是“五位一体”全面进步的小康
        - 全面小康，覆盖的人口要全面，是惠及全体人民的小康（“小康不小康，关键看老乡”）
        - 全面小康，覆盖的区域要全面，是城乡区域共同发展的小康
      - 具体要求：全面建成小康社会，要实事求是、因地制宜。我国幅员辽阔，各地发展差距大，生产力发展水平多层次，不可能是“同一水平”小康，完全没有差距是不可能的
      - 意义：是第一个百年奋斗目标、中华民族伟大复兴的关键一步全面建成小康社会的目标要求
    - 全面建成小康社会的目标要求
      - 经济保持中高速增长(到2020年国内生产总值和城乡居民人均收入比2010年翻一番)
      - 创新驱动成效显著
      - 发展协调性明显增强
      - 人民生活水平和质量普遍提高（我国现行标准下农村贫困人口实现脱贫）
      - 国民素质和社会文明程度显著提高
      - 生态环境质量总体改善
      - 各方面制度更加成熟更加定型
    - 决胜全面建成小康社会
      - 全面建成小康社会决胜期：从现在到2020年
      - 着力打好“三大攻坚战”
        - 坚决打好防范化解重大风险攻坚战
        - 坚决打好精准脱贫攻坚战
        - 坚决打好污染防治攻坚战
  - 全面深化改革 ⊕
  - 全面依法治国 ⊕
  - 全面从严治党 ⊕

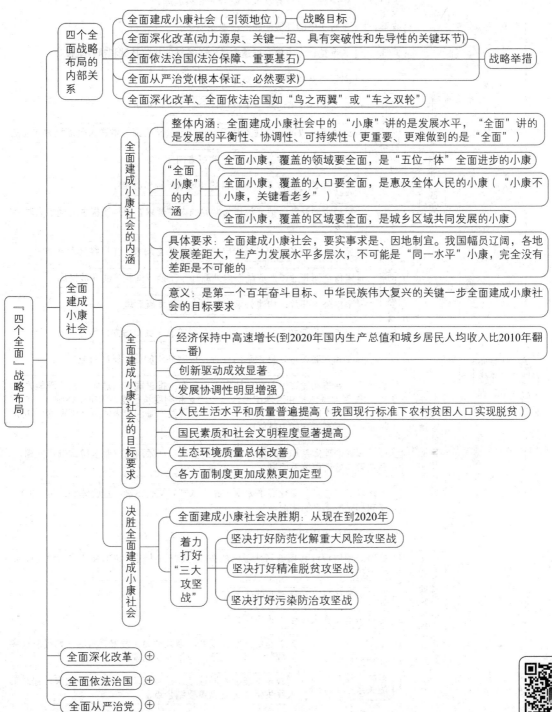

- 『四个全面』战略布局
  - 全面建成小康社会 ⊕
  - 全面深化改革
    - 坚定不移地全面深化改革
      - 全面深化改革的必要性
        - 是顺应当今世界发展大趋势的必然选择
        - 是解决中国现实问题的根本途径
        - 关系党和人民事业前途命运，关系党的执政基础和执政地位
      - 全面深化改革必须坚持的原则
        - 必须坚持党对改革的集中统一领导
        - 必须坚持改革沿着中国特色社会主义方向前进
        - 必须坚持改革开放往有利于维护社会公平正义、增进人民福祉方向前进
        - 必须坚持社会主义市场经济改革方向
        - 必须正确把握改革的根本目的和成效的评价标准
      - 形成全面开放新格局
        - 坚持主动开放，把开放作为发展的内在要求，更加积极主动地扩大对外开放
        - 坚持双向开放，引进来走出去更好地结合起来，拓展经济发展空间
        - 坚持全面开放，形成陆海内外联动、东西双向互济的开放格局
        - 坚持公平开放，构建公平竞争的内外资发展环境
        - 坚持共赢开放，推动经济全球化朝普惠、共赢方向发展
        - 坚持包容开放，探索求同存异、包容共生的国际发展新途径
    - 全面深化改革的总目标和主要内容
      - 总目标：完善和发展中国特色社会主义制度、推进国家治理体系和治理能力现代化(国家治理体系和治理能力是一个国家和制度执行能力的集中体现，二者相辅相成；又不能把国家治理体系和国家治理能力等同起来，不是国家治理体系越完善，国家治理能力越强)
      - 推进国家治理体系和治理能力现代化的要求：必须解决好制度模式选择问题，必须解决好价值体系问题
      - 具体目标和任务：深化经济体制、政治体制、文化体制、社会体制、生态文明体制和党的建设制度改革
    - 正确处理全面深化改革中的重大关系
      - 处理好解放思想和实事求是的关系
      - 处理好顶层设计和摸着石头过河的关系(摸着石头过河和加强顶层设计是辩证统一的)
      - 处理好整体推进和重点突破的关系
      - 处理好胆子要大、步子要稳的关系
      - 处理好改革、发展、稳定的关系
        - 改革是经济社会发展的强大动力，发展是解决一切经济社会问题的关键，稳定是改革发展的前提
        - 把改革力度、发展速度、社会可承受程度统一起来，把改善人民生活作为三者重要结合点
  - 全面依法治国 ⊕
  - 全面从严治党 ⊕

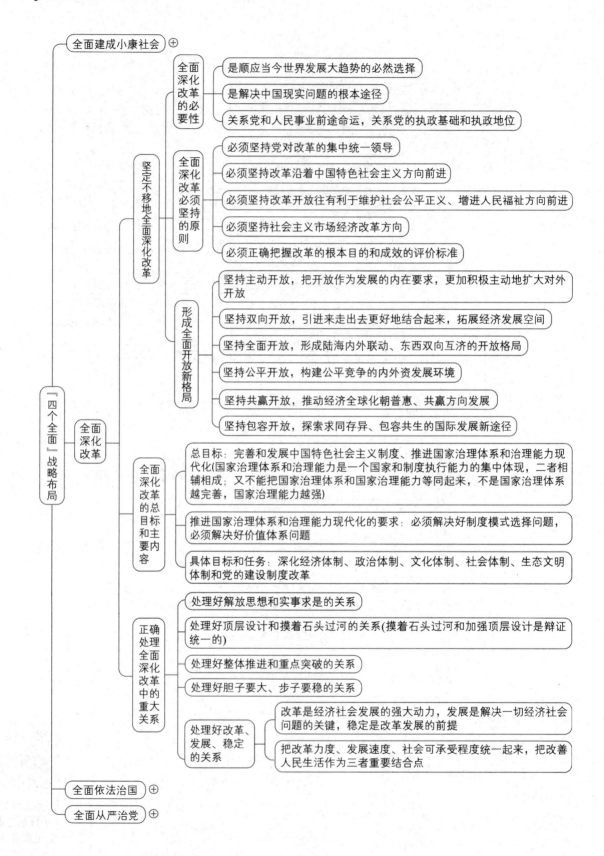

- “四个全面”战略布局
  - 全面建成小康社会 ⊕
  - 全面深化改革 ⊕
  - 全面依法治国
    - 全面依法治国方略的形成发展
      - 依法治国的科学内涵：广大人民群众在党的领导下，依照宪法和法律规定，通过各种途径和形式管理国家事务，管理经济文化事业，管理社会事务，保证国家各项工作都依法进行，逐步实现社会主义民主的制度化、法律化
      - 依法治国的核心是坚持党的领导、人民当家作主、依法治国有机统一
      - 依法治国的关键是坚持党领导立法、保证执法、支持司法、带头守法
    - 中国特色社会主义法治道路
      - 坚持中国共产党的领导
        - 党的领导是中国特色社会主义最本质特征，是社会主义法治最根本保障
        - 党的领导是社会主义法治的根本要求，是党和国家的根本所在、命脉所在，是全国各族人民的利益所系、幸福所系，是全面推进依法治国题中应有之义
        - 只有在党的领导下依法治国、厉行法治，人民当家作主才能充分实现
        - 坚持党的领导，必须具体体现在党领导立法、保证执法、支持司法、带头守法上
      - 坚持人民在全面依法治国中的主体地位
      - 坚持法律面前人人平等
      - 坚持依法治国和以德治国相结合（法律是成文的道德，道德是内心的法律。法安天下，德润人心）
      - 坚持从中国实际出发
    - 深化依法治国实践的重点任务
      - 全面依法治国的总目标：建设中国特色社会主义法治体系，建设社会主义法治国家
      - 重点任务的具体内容
        - 推进中国特色社会主义法治体系建设
          - 要完善以宪法为核心的中国特色社会主义法律体系
          - 要建立严密的法治监督体系
          - 要进一步健全法治保障体系
          - 要加强党内法规制度建设
        - 深化依法治国实践
          - 加强宪法实施和监督，推进合宪性审查工作，维护宪法权威
          - 推进科学立法、民主立法、依法立法，以良法促进发展、保障善治
          - 建设法治政府，推进依法行政，严格规范公正文明执法
          - 深化司法体制综合配套改革，全面落实司法责任制，努力让人民群众在每一个司法案件中感受到公平正义
          - 加大全民普法力度，建设社会主义法治文化，树立宪法法律至上、法律面前人人平等的法治理念
  - 全面从严治党 ⊕

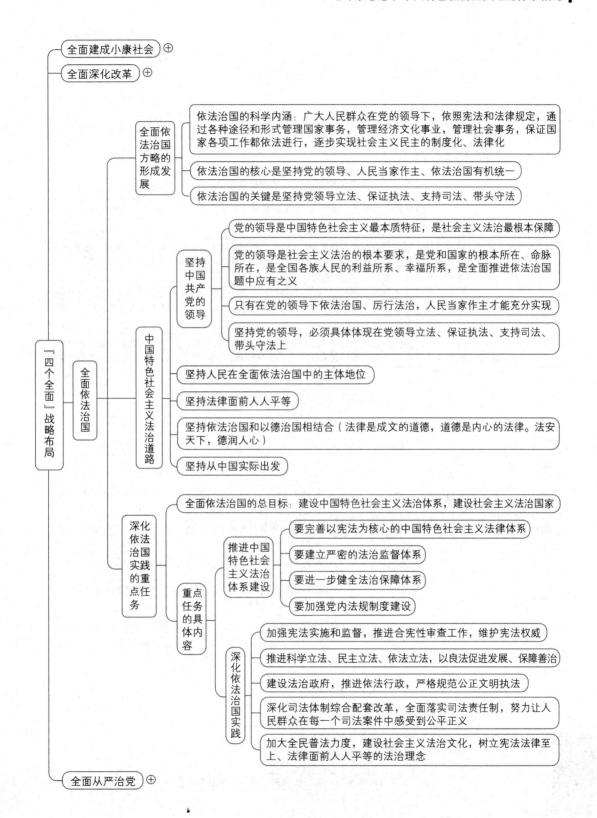

- “四个全面”战略布局
  - 全面建成小康社会 ⊕
  - 全面深化改革 ⊕
  - 全面依法治国 ⊕
  - 全面从严治党
    - 新时代党的建设总要求
      - 坚持和加强党的全面领导(目的和根本原则)
      - 坚持党要管党、全面从严治党(根本方针；“全面”是基础、“严”是关键、“治”是要害)
      - 以加强党的长期执政能力建设、先进性和纯洁性建设为主线，以党的政治建设能力为统领，以坚定理想信念宗旨为根基，以调动全党积极性、主动性、创造性为着力点 (工作思路)
      - 全面推进党的政治建设、思想建设、组织建设、作风建设、纪律建设，把制度建设贯穿其中，深入推进反腐败斗争，不断提高党的建设质量 (新时代党的建设的总体布局)
      - 把党建设成为始终走在时代前列、人民衷心拥护、勇于自我革命、经得起各种风浪考验、朝气蓬勃的马克思主义执政党(新时代党的建设目标、指向和落脚点)
    - 把党的政治建设摆在首位
      - 把党的政治建设摆在首位是党的建设理论和实践的重大创新
      - 理由
        - 旗帜鲜明讲政治是我们党作为马克思主义政党的根本要求
        - 党的政治建设是党的根本性建设，决定党的建设方向和效果
        - 注重抓党的政治建设是党的十八大以来全面从严治党的成功经验
      - 党的政治建设的基本内容
        - 保证全党服从中央，坚持党中央权威和集中统一领导是党的政治建设的首要任务
        - 全党要坚定执行党的政治路线，严格遵守政治纪律和政治规矩
        - 要尊崇党章，严格执行新形势下党内政治生活若干准则
        - 完善和落实民主集中制的各项制度，坚持民主基础上的集中和集中指导下的民主相结合
        - 弘扬忠诚老实、公道正派、实事求是、清正廉洁等价值观
        - 全党同志要加强党性锻炼，不断提高政治觉悟和政治能力
    - 全面从严治党永远在路上
      - 加强党的思想建设
      - 加强党的组织建设
      - 持之以恒正风肃纪
      - 将制度建设贯穿党的各项建设之中
      - 深化标本兼治，夺取反腐败斗争压倒性胜利

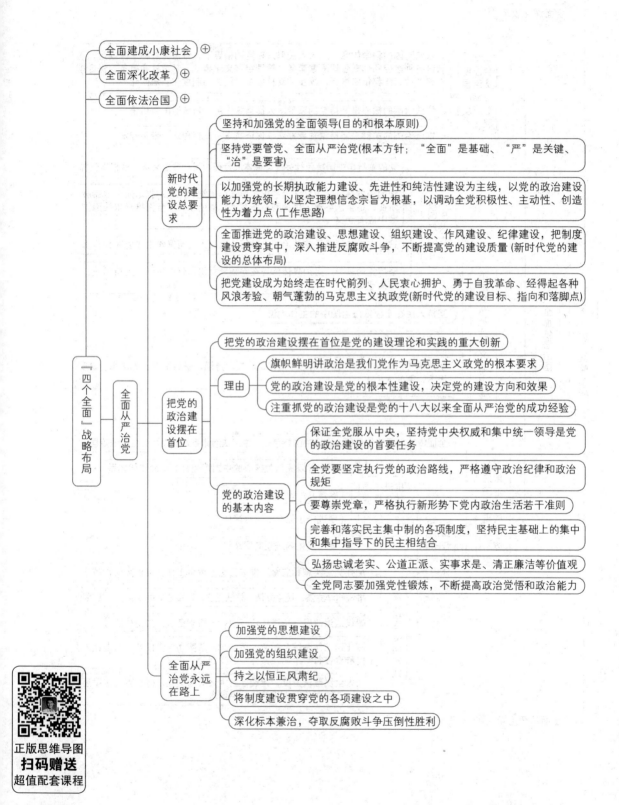

- 全面推进国防和军队现代化
  - 坚持走中国特色强军之路
    - 习近平强军思想
      - 重要作用：深刻回答了“新时代建设一支什么样的强大人民军队、怎样建设强大人民军队”的时代课题，开拓了马克思军事理论和当代中国军事实践发展新境界，标志着党的军事理论与时俱进
      - 主要内容
        - 强军使命：强国必须强军，巩固国防和强大人民军队是新时代坚持和发展中国特色社会主义、实现中华民族伟大复兴的战略支撑
        - 强军目标：党在新时代的强军目标是建设一支听党指挥、能打胜仗、作风优良的人民军队，必须同国家现代化进程相一致，力争到2035年基本实现国防和军队现代化，到本世纪中叶把人民军队全面建成世界一流军队
        - 强军之魂：党对军队的绝对领导是人民军队建军之本、强军之魂，必须全面贯彻党领导军队的一系列根本原则和制度，确保部队绝对忠诚、绝对纯洁、绝对可靠
        - 强军之要：军队是要准备打仗的，必须聚焦能打仗、打胜仗，创新发展军事战略指导，构建中国特色现代作战体系，全面提高新时代备战打仗能力，有效塑造态势、管控危机、遏制战争、打赢战争
        - 强军之基：作风优良是我军鲜明特色和政治优势，必须加强作风建设、纪律建设，坚定不移正风肃纪、反腐惩恶，大力弘扬我党我军光荣传统和优良作风，永葆人民军队性质、宗旨、本色
        - 强军布局：推进强军事业必须坚持政治建军、改革强军、科技兴军、依法治军，更加注重聚焦实战、更加注重创新驱动、更加注重体系建设、更加注重集约高效、更加注重军民融合，全面提高革命化现代化正规化水平
        - 强军之路：改革是强军的必由之路，必须推进军队组织形态现代化，构建中国特色现代军事力量体系，完善中国特色社会主义军事制度
        - 强军动力：创新是引领发展的第一动力，必须坚持向科技创新要战斗力，统筹推进军事理论、技术、组织、管理、文化等各方面创新，建设创新型人民军队
        - 强军保障：现代化军队必须构建中国特色军事法治体系，推进治军方式根本性转变，提高国防和军队建设法治化水平
        - 强军之策：军民融合发展是兴国之举、强军之策，必须坚持发展和安全兼顾、富国和强军统一，形成全要素、多领域、高效益军民融合深度发展格局，构建一体化的国家战略体系和能力
    - 坚持党对人民军队的绝对领导
      - 重要性：党对军队的绝对领导是中国特色社会主义的本质特征，是党和国家的重要政治优势。党的领导是人民军队战无不胜的根本保证
      - 基本内容：军队必须完全地无条件地置于中国共产党的领导之下，在思想上政治上行动上始终与党中央、中央军委保持高度一致，坚决维护党中央、中央军委权威，任何时候任何情况下都坚决听从党中央、中央军委的指挥
      - 制度保证
        - 军队最高领导权和指挥权属于党中央和中央军委，中央军委实行主席负责制(最高实现形式)
        - 实行党委制、政治委员制、政治机关制(党从思想上政治上组织上建设和掌握部队的重要组织支撑)
        - 实行党委统一的集体领导下的首长分工负责制(党领导军队的根本制度)
        - 实行支部建在连上(党指挥枪原则落地生根的坚实基础)
      - 把党指挥枪的原则落到实处
        - 不折不扣落实好党领导军队的一整套制度
        - 坚持五湖四海、任人唯贤，坚持德才兼备、以德为先，坚持军队好干部标准，完善干部选拔任用机制，增强选人用人的科学性、准确性、公信度
        - 严守政治纪律和政治规矩，加大从严治党、从严治军力度，强化“四个意识”，防止和反对政治上的自由主义
    - 建设世界一流军队 ⊕
  - 推动军民融合深度发展 ⊕

- 全面推进国防和军队现代化
  - 坚持走中国特色强军之路
    - 习近平强军思想 ⊕
    - 坚持党对人民军队的绝对领导 ⊕
    - 建设世界一流军队
      - 发展部署
        - 到2020年，国防和军队建设基本实现机械化，信息化取得重大进展，战略能力有大的提升
        - 到2035年，基本实现国防和军队现代化
        - 到本世纪中叶，把人民军队全面建成世界一流军队
      - 具体措施
        - 牢固树立战斗力这个唯一的根本的标准
        - 坚持政治建军(立军之本)、改革强军(关键一招)、科技兴军(核心战斗力)、依法治军(基本方略)
        - 构建中国特色现代军事力量体系(建设世界一流军队的力量基础)
        - 深入推进练兵备战
  - 推动军民融合深度发展
    - 坚持富国和强军相统一
      - 是我们党的一贯主张，是经济建设和国防建设协调发展规律的内在要求(富国才能强军，强军才能卫国，富国与强军，如同车之两轮、鸟之双翼，不可或缺)
      - 目的是把国防和军队现代化建设有机融入经济社会发展体系之中
      - 走军民融合式发展路子是实现富国和强军统一的重要途径
    - 加快形成军民融合深度发展格局
      - 正确把握和处理经济建设和国防建设的关系
        - 坚持全国一盘棋
        - 健全体制机制
        - 强化战略规划
        - 突出重点领域
      - 军政军民团结
        - 军政军民团结是实现富国和强军相统一的重要政治保障，是我党我军特有的政治优势坚持人民战争的战略思想
        - 国防动员(军民融合的重要组织形式和桥梁)
        - 建立健全国防动员体制机制，深化民兵预备役体制改革
        - 边海空防工作
        - 要发挥民兵和人民群众特有优势
        - 加强国防教育
        - 大力弘扬军爱民、民拥军的光荣传统

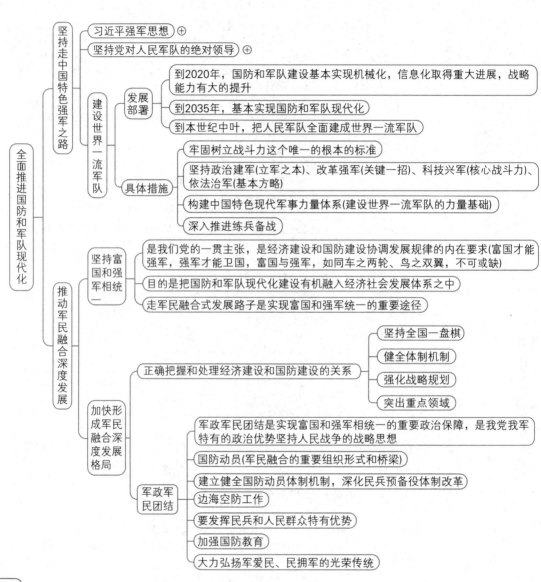

- 中国特色大国外交
  - 坚持和平发展道路
    - 世界正处于大发展大变革大调整阶段
      - 世界多极化在曲折中发展
      - 经济全球化深入发展
      - 文化多样化持续推进
      - 社会信息化快速发展
      - 科学技术孕育新突破(新一轮科技革命和产业变革正在孕育兴起)
    - 坚持独立自主和平外交政策
      - 形成和发展
        - 新中国成立前后外交方针："另起炉灶""打扫干净屋子再请客""一边倒"
        - 外交关系基本准则：(和平共处五项原则)
          - 互相尊重主权领土完整、互不侵犯、互不干涉内政、平等互利、和平共处
        - "两个拳头打人""一条线"的外交战略；和平的发展、开放的发展、合作的发展
      - 中国独立自主和平外交政策的主要内容
        - 把国家主权和安全放在第一位，坚定地维护我国的国家利益，反对任何国家损害我国的独立、主权、安全和尊严
        - 从我国人民和世界人民的根本利益出发，对于一切国际事务，都要根据事情本身的是非曲直决定自己的立场和政策，秉持公道，伸张正义，不屈从于任何外来压力
        - 坚持各国的事务应由本国政府和人民决定，世界上的事情应由各国政府和人民平等协商，反对一切形式的霸权主义和强权政治
        - 主张和平解决国际争端和热点问题，反对动辄诉诸武力或以武力相威胁，反对颠覆别国合法政权，反对一切形式的恐怖主义
      - 依据：是由我国的社会主义性质和在国际上的地位所决定的，是从历史、现实、未来的客观判断中得出的结论，是思想自信和实践自觉的有机统一
    - 推动建立新型国际关系
      - 中国外交政策的宗旨：维护世界和平、促进共同发展
      - 新型国际关系的含义：推动建设相互尊重、公平正义、合作共赢的新型国际关系。新型国际关系，"新"在相互尊重，"新"在公平正义，特别是"新"在合作共赢
      - 推动建立新型国际关系的核心：维护联合国宪章的宗旨和原则，维护不干涉内政和尊重国家主权、独立、领土完整等国际关系基本原则，维护联合国及其安理会对世界和平承担的首要责任，开展对话和合作，而不是对抗，实现共赢和双赢，而不是单赢
      - 推动建立新型国际关系的要求
        - 坚决维护国家核心利益（中国始终把坚决维护国家主权、安全、发展利益作为外交工作的基本出发点和落脚点）
        - 要在和平共处五项原则基础上发展同世界各国的友好合作(外交工作布局：大国是关键、周边是首要、发展中国家是基础、多边是舞台)
        - 要积极参与全球治理体系改革和建设(中国秉持共商共建共享的全球治理观，倡导国际关系民主化)
        - 要加强涉外法律工作，完善涉外法律法规体系
        - 要把相互尊重、公平正义、合作共赢理念体现到政治、经济、安全、文化等对外合作的方方面面，推动构建人类命运共同体
  - 推动构建人类命运共同体 ⊕

- 中国特色大国外交
  - 坚持和平发展道路
  - 推动构建人类命运共同体
    - 构建人类命运共同体思想的内涵
      - 时代背景
        - 从国际上看
          - 一方面，经济全球化、社会信息化极大解放和发展了社会生产力，各国相互联系、相互依存、相互合作、相互促进的程度空前加深，国际社会日益成为一个你中有我、我中有你的命运共同体
          - 另一方面，世界发展面临各种问题和挑战，各种社会政治思潮交锋激荡
        - 从国内来看，党的十八大以来，在新中国成立特别是改革开放以来我国发展取得重大成就的基础上，党和国家事业发生历史性变革，我国发展站到了新的历史起点上，中国特色社会主义进入了新时代，中国的治理理念和实践受到高度赞赏和广泛认同，国际影响力、感召力、塑造力进一步提高
      - 构建人类命运共同体思想的核心：建设持久和平（基石）、普遍安全（保障）、共同繁荣（核心）、开放包容（特征）、清洁美丽的世界
        - 政治上：要相互尊重、平等协商，坚决摒弃冷战思维和强权政治，走对话而不对抗、结伴而不结盟的国与国交往新路
        - 安全上：要坚持以对话解决争端、以协商化解分歧，统筹应对传统和非传统安全威胁，反对一切形式的恐怖主义
        - 经济上：要同舟共济，促进贸易和投资自由化便利化，推动经济全球化朝着更加开放、包容、普惠、平衡、共赢的方向发展
        - 文化上：要尊重世界文明多样性，以文明交流超越文明隔阂、文明互鉴超越文明冲突、文明共存超越文明优越
        - 生态上：要坚持环境友好，合作应对气候变化，保护好人类赖以生存的地球家园
      - 意义
        - 顺应了历史潮流，回应了时代要求，凝聚了各国共识，为人类社会实现共同发展、持续繁荣、长治久安绘制了蓝图
        - 继承和发展了新中国不同时期重大外交思想和主张，反映了中外优秀文化和全人类的价值追求，适应了新时代中国与世界关系的历史性变化，成为中国引领时代潮流和人类文明进步方向的鲜明旗帜
    - 促进“一带一路”国际合作
    - 共商共建人类命运共同体

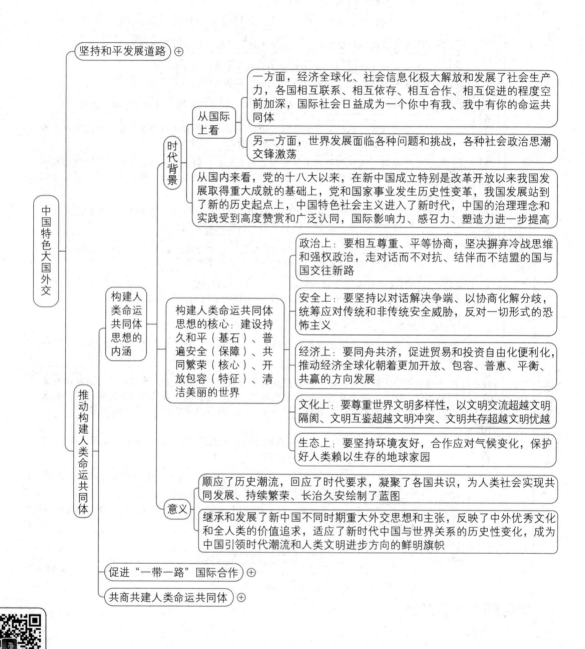

- 中国特色大国外交
  - 坚持和平发展道路 ⊕
  - 推动构建人类命运共同体
    - 构建人类命运共同体思想的内涵 ⊕
    - 促进“一带一路”国际合作
      - “一带一路”建设的重要意义
        - 共建“一带一路”符合国际社会的根本利益，彰显人类社会共同理想和美好追求，是国际合作以及全球治理新模式的积极探索，将为世界和平发展增添新的正能量
        - 推进“一带一路”建设既是中国扩大和深化对外开放的需要，也是加强和亚欧非及世界各国互利合作的需要
      - “一带一路”建设的重点内容
        - 要坚持引进来和走出去并重，深化双向投资合作
        - 坚持共商共建共享原则
        - 加强创新能力开放合作，主要是加强技术创新合作、理论创新交流互鉴、创新人才资源交流合作
        - 把“一带一路”与构建人类命运共同体更加紧密结合起来，与落实2030年可持续发展议程紧密结合起来，打造国际合作新平台，增添共同发展新动力，把“一带一路”建成和平之路、繁荣之路、开放之路、创新之路、文明之路
    - 共商共建人类命运共同体
      - 重要意义：构建人类命运共同体既是中国外交的崇高目标，也是世界各国的共同责任和历史使命
      - 重要举措
        - 坚持和平发展道路，推动建设新型国际关系
        - 不断完善外交布局，积极发展全球伙伴关系
        - 深度参与全球治理，积极引导国际秩序变革方向
        - 推动国际社会从伙伴关系、安全格局、经济发展、文明交流、生态建设等方面为建立人类命运共同体作出努力

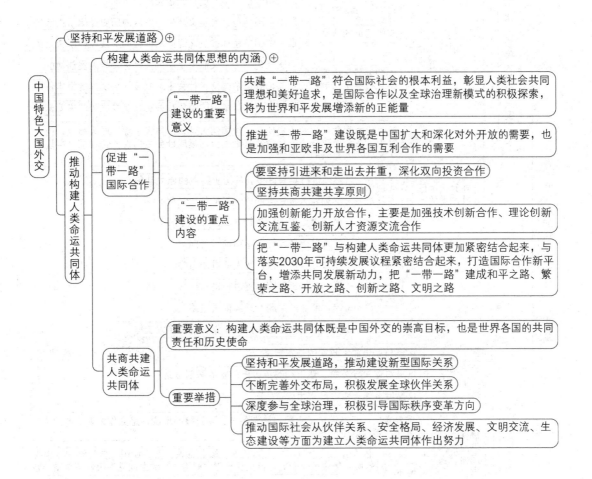

- 坚持和加强党的领导
  - 实现中华民族伟大复兴关键在党
    - 中国共产党的领导地位是历史和人民的选择
      - 中国共产党的性质：中国共产党是中国工人阶级的先锋队，同时是中国人民和中华民族的先锋队，是中国特色社会主义事业的领导核心
      - 关于中国共产党领导的历史结论
        - 历史和人民选择中国共产党领导中华民族伟大复兴的事业是正确的，必须长期坚持、永不动摇
        - 中国共产党领导中国人民开辟的中国特色社会主义道路是正确的，必须长期坚持、永不动摇
        - 中国共产党和中国人民扎根中国大地、吸纳人类文明优秀成果、独立自主实现国家发展的战略是正确的，必须长期坚持、永不动摇
    - 中国特色社会主义最本质的特征
      - 党的领导是中国特色社会主义最本质特征的依据
        - 是由科学社会主义的理论逻辑所决定的
        - 是由中国特色社会主义产生与发展的历史逻辑所决定的
        - 是由中国特色社会主义迈向新征程的实践逻辑所决定的
      - 党的领导是中国特色社会主义制度的最大优势
        - 中国特色社会主义制度是中国共产党领导人民创建的
        - 党的领导是中国特色社会主义制度优势发挥的根本保障
        - 党的自身优势是中国特色社会主义制度优势的主要来源
    - 新时代中国共产党的历史使命
      - 新时代中国共产党的历史使命：统揽伟大斗争、伟大工程、伟大事业、伟大梦想，在全面建成小康社会的基础上全面建成社会主义现代化强国，实现中华民族伟大复兴的中国梦
      - 实现伟大梦想的要求
        - 必须进行具有许多新的历史特点的伟大斗争
        - 必须深入推进党的建设新的伟大工程
        - 必须推进中国特色社会主义伟大事业
      - “四个伟大”之间的关系
        - 伟大梦想是目标，指引前进方向
        - 伟大斗争是手段，激发前进动力
        - 伟大工程是保障，提供前进保证
        - 伟大事业是主题，开辟前进道路
        - 其中，起决定性作用的是党的建设伟大工程
  - 坚持党对一切工作的领导
    - 党是最高政治领导力量(的依据)
      - 这是马克思主义政党的基本要求
      - 这是对党领导革命、建设和改革历史经验的深刻总结
      - 这是推进伟大事业的根本保证
    - 确保党始终总揽全局协调各方
      - 重要意义：坚持党总揽全局、协调各方的领导核心地位，是党作为最高政治力量在治国理政中的重要体现
      - 具体要求
        - 必须增强政治意识、大局意识、核心意识、看齐意识，自觉维护党中央权威和集中统一领导，自觉在思想上政治上行动上向党中央保持高度一致
        - 必须坚持和完善党的领导的体制机制
        - 必须坚持党的民主集中制原则
    - 全面增强党的执政本领
      - 要全面增强本领
        - 增强学习本领、增强政治领导本领
        - 增强改革创新本领、增强科学发展本领
        - 增强依法执政本领、增强群众工作本领
        - 增强狠抓落实本领、增强驾驭风险本领
      - 党必须勇于自我革命：勇于自我革命，从严管党治党，是我们党最鲜明的品格

三、中国近现代史纲要

史纲整体框架

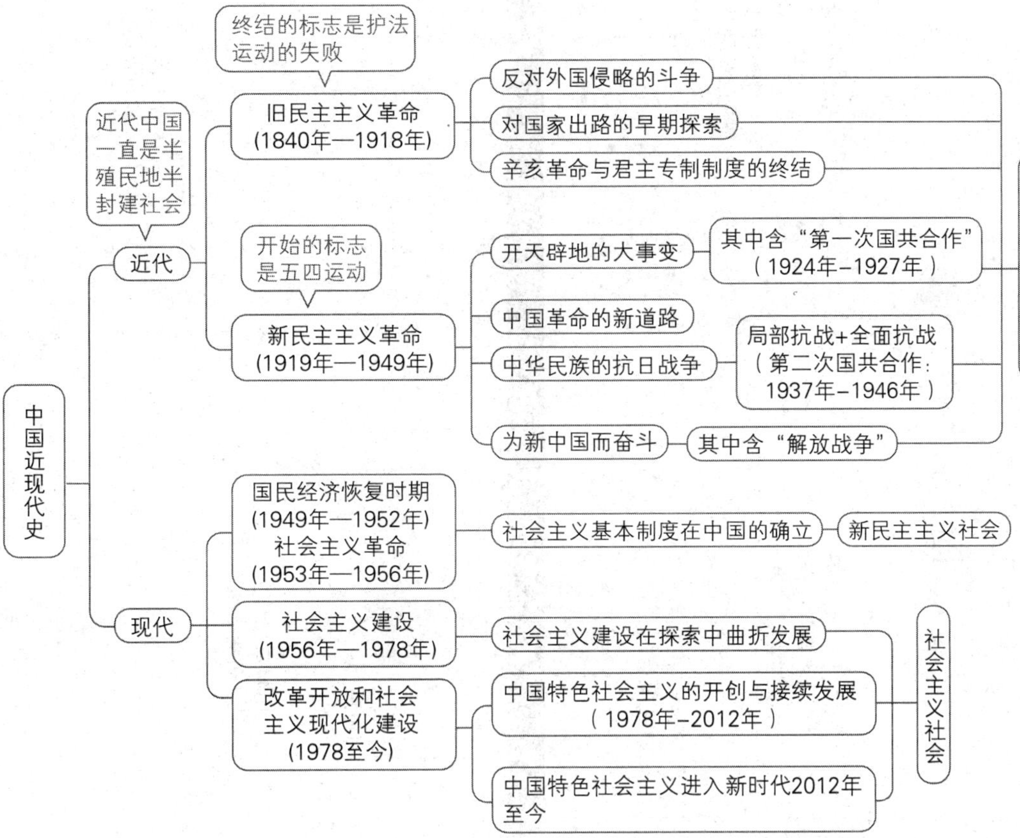

史纲
思维导图
扫码看
完整版

中国近现代史时间轴

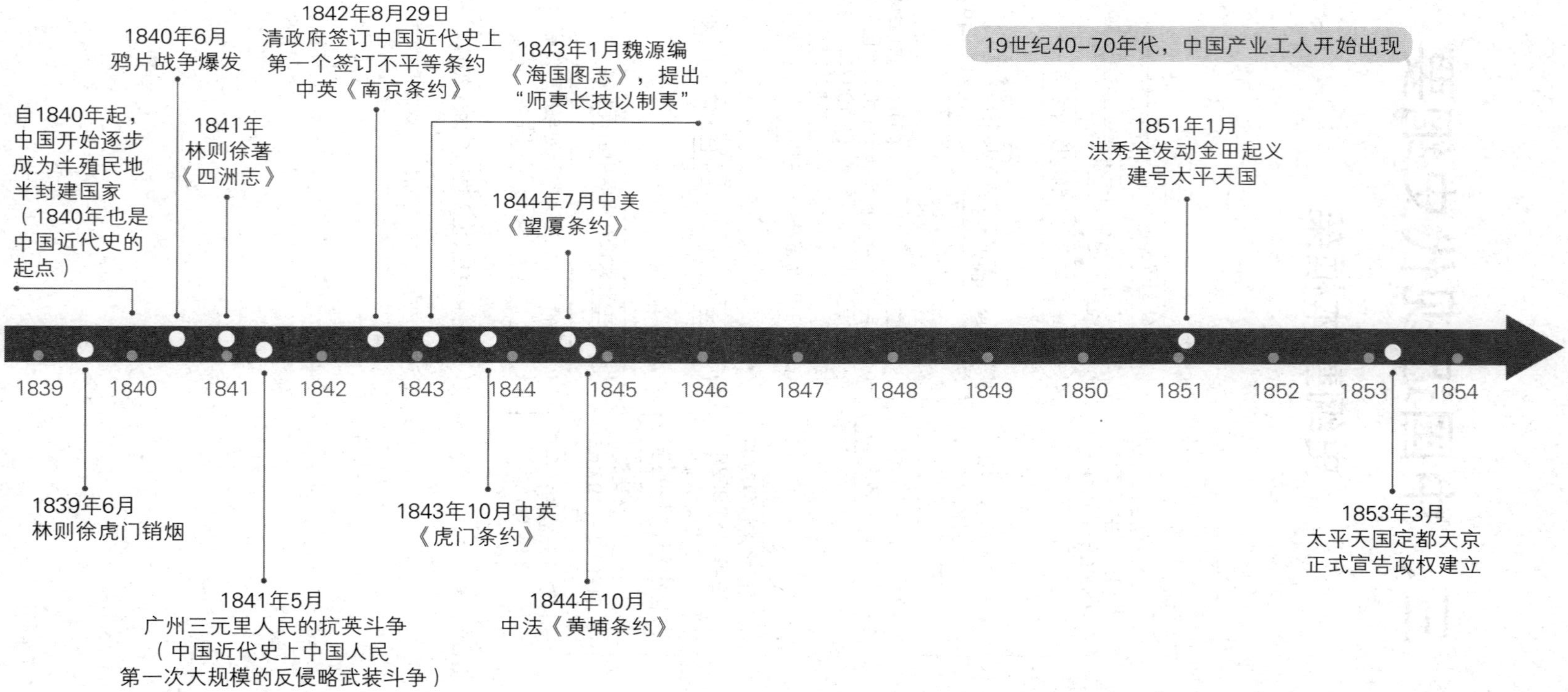

19世纪40-70年代，中国产业工人开始出现
自1840年起，中国开始逐步成为半殖民地半封建国家（1840年也是中国近代史的起点）
1839年6月 林则徐虎门销烟
1840年6月 鸦片战争爆发
1841年 林则徐著《四洲志》
1841年5月 广州三元里人民的抗英斗争（中国近代史上中国人民第一次大规模的反侵略武装斗争）
1842年8月29日 清政府签订中国近代史上第一个签订不平等条约中英《南京条约》
1843年1月魏源编《海国图志》，提出“师夷长技以制夷”
1843年10月中英《虎门条约》
1844年7月中美《望厦条约》
1844年10月 中法《黄埔条约》
1851年1月 洪秀全发动金田起义 建号太平天国
1853年3月 太平天国定都天京 正式宣告政权建立
1839
1840
1841
1842
1843
1844
1845
1846
1847
1848
1849
1850
1851
1852
1853
1854

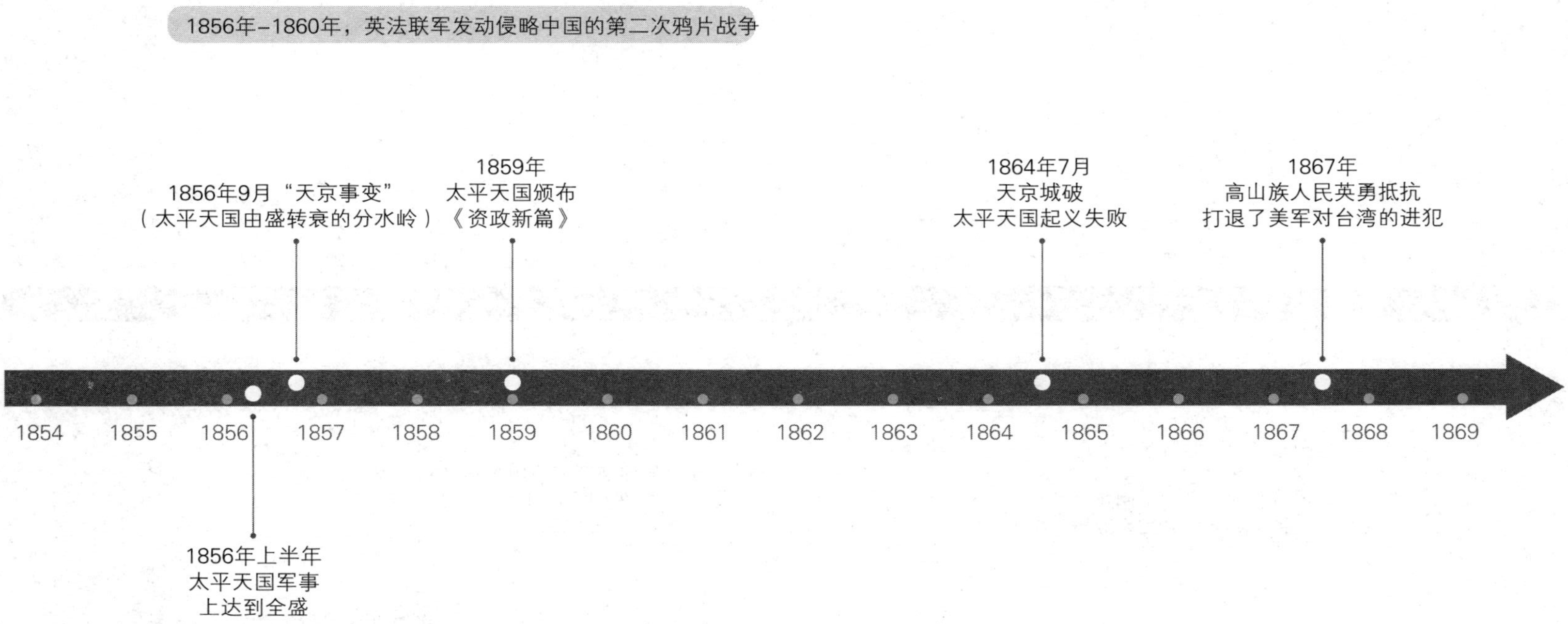
1856年–1860年，英法联军发动侵略中国的第二次鸦片战争
1856年上半年
太平天国军事
上达到全盛
1856年9月“天京事变”
（太平天国由盛转衰的分水岭）
1859年
太平天国颁布
《资政新篇》
1864年7月
天京城破
太平天国起义失败
1867年
高山族人民英勇抵抗
打退了美军对台湾的进犯
1854
1855
1856
1857
1858
1859
1860
1861
1862
1863
1864
1865
1866
1867
1868
1869

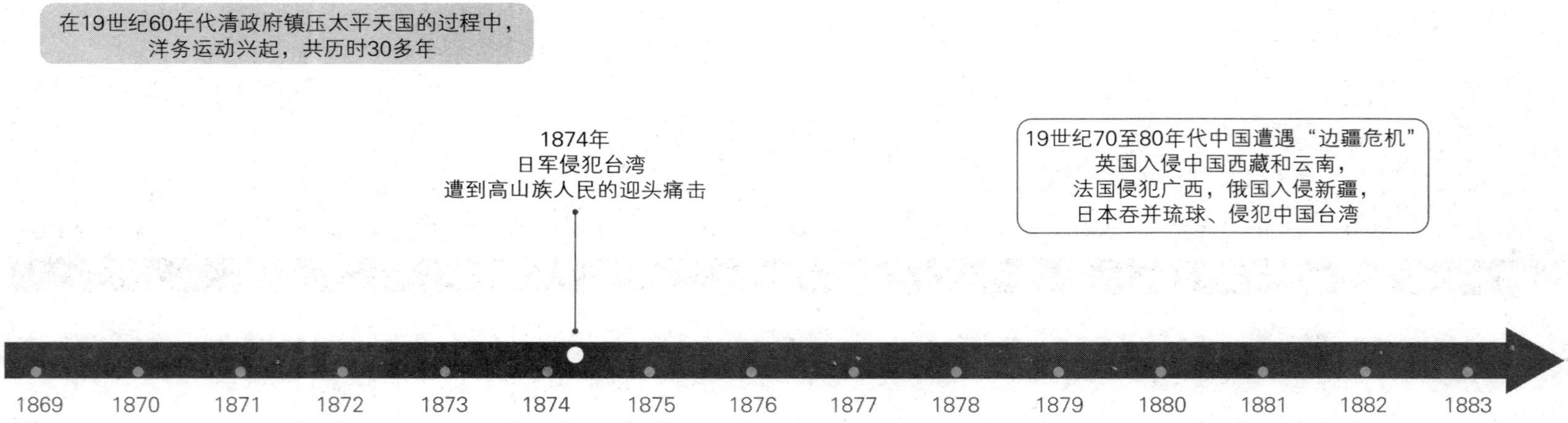
在19世纪60年代清政府镇压太平天国的过程中，
洋务运动兴起，共历时30多年
1874年
日军侵犯台湾
遭到高山族人民的迎头痛击
19世纪70至80年代中国遭遇“边疆危机”
英国入侵中国西藏和云南，
法国侵犯广西，俄国入侵新疆，
日本吞并琉球、侵犯中国台湾
1869
1870
1871
1872
1873
1874
1875
1876
1877
1878
1879
1880
1881
1882
1883

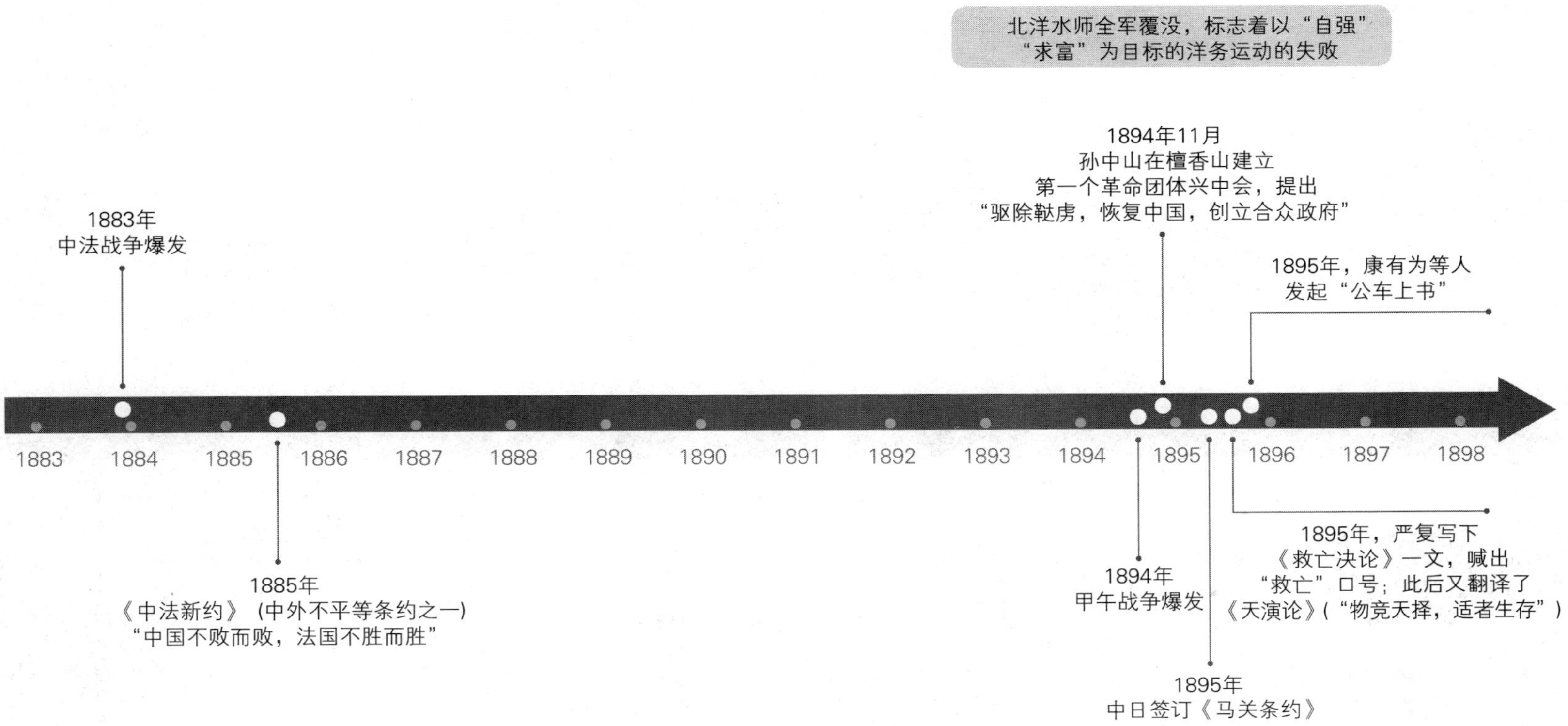
北洋水师全军覆没，标志着以“自强”“求富”为目标的洋务运动的失败
1894年11月
孙中山在檀香山建立
第一个革命团体兴中会，提出
“驱除鞑虏，恢复中国，创立合众政府”
1883年
中法战争爆发
1895年，康有为等人
发起“公车上书”
1883
1884
1885
1886
1887
1888
1889
1890
1891
1892
1893
1894
1895
1896
1897
1898
1885年
《中法新约》（中外不平等条约之一）
“中国不败而败，法国不胜而胜”
1894年
甲午战争爆发
1895年，严复写下
《救亡决论》一文，喊出
“救亡”口号；此后又翻译了
《天演论》（“物竞天择，适者生存”）
1895年
中日签订《马关条约》

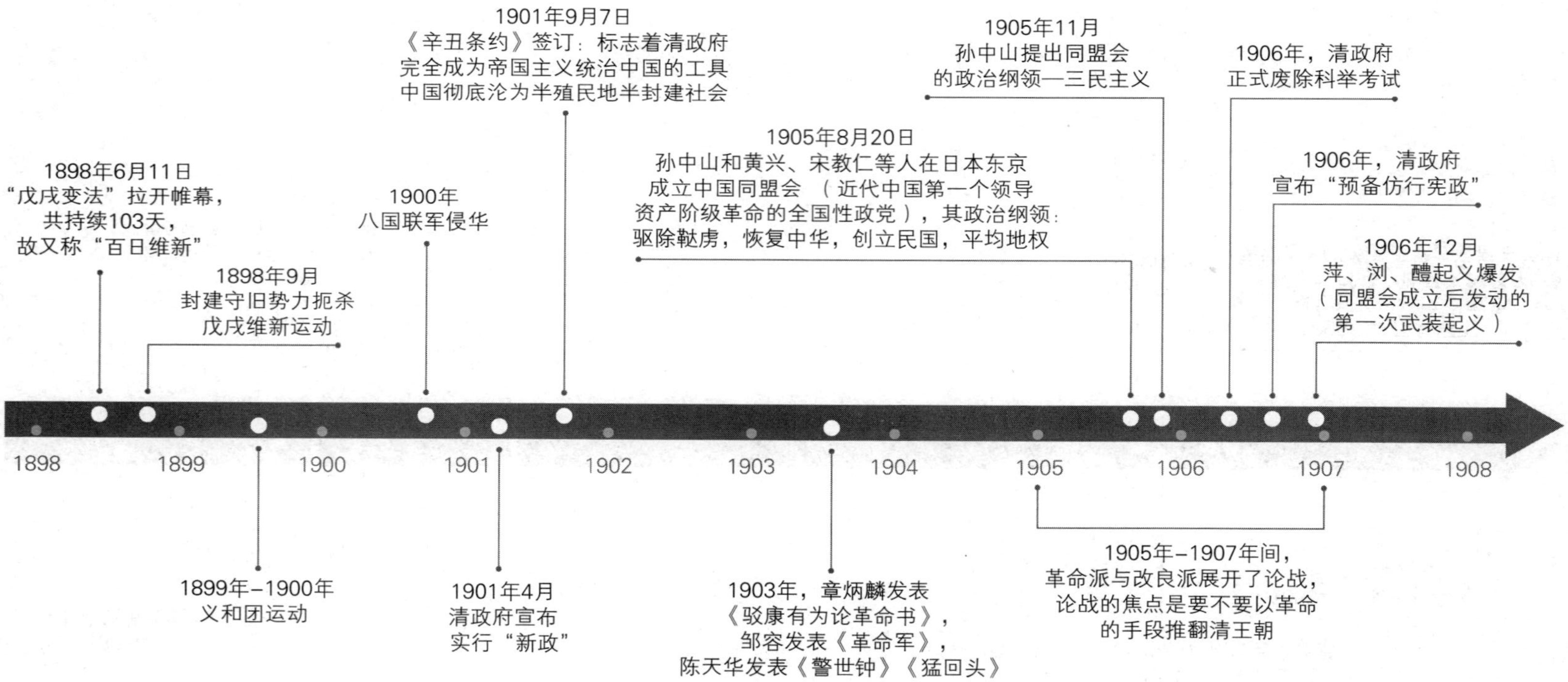
1898年6月11日
“戊戌变法”拉开帷幕，
共持续103天，
故又称“百日维新”
1898年9月
封建守旧势力扼杀
戊戌维新运动
1899年–1900年
义和团运动
1900年
八国联军侵华
1901年4月
清政府宣布
实行“新政”
1901年9月7日
《辛丑条约》签订：标志着清政府
完全成为帝国主义统治中国的工具
中国彻底沦为半殖民地半封建社会
1903年，章炳麟发表
《驳康有为论革命书》，
邹容发表《革命军》，
陈天华发表《警世钟》《猛回头》
1905年8月20日
孙中山和黄兴、宋教仁等人在日本东京
成立中国同盟会（近代中国第一个领导
资产阶级革命的全国性政党），其政治纲领：
驱除鞑虏，恢复中华，创立民国，平均地权
1905年11月
孙中山提出同盟会
的政治纲领—三民主义
1905年–1907年间，
革命派与改良派展开了论战，
论战的焦点是要不要以革命
的手段推翻清王朝
1906年，清政府
正式废除科举考试
1906年，清政府
宣布“预备仿行宪政”
1906年12月
萍、浏、醴起义爆发
（同盟会成立后发动的
第一次武装起义）
1898
1899
1900
1901
1902
1903
1904
1905
1906
1907
1908

北洋军阀从1912年袁世凯窃取辛亥革命果实到1928年奉系军阀垮台，统治中国达16年之久

1908 1909 1910 1911 1912 1913 1914 1915 1916 1917 1918 1919

1908年
清政府颁布
《钦定宪法大纲》

1911年4月27日
同盟会发动广州起义
（又称“黄花岗起义”）

1911年5月
保路风潮

1911年10月10日
武昌起义（湖北新军中的
共进会和文学社）

1912年1月1日
孙中山在南京宣誓就职，改国号为中华民国
定1912年为民国元年，并成立中华民国临时政府
（是一个资产阶级共和国性质的革命政权）

1912年2月12日，清帝
被迫退位，延续了两千多
年的封建帝制终于覆灭

1912年3月
颁布《中华民国临时约法》
（第一部具有资产阶级共和国宪法性质的法典）
《临时约法》以根本大法的形式废除了两千年
来的封建君主专制制度，确认了
资产阶级共和国的政治制度

1912年
袁世凯窃夺
辛亥革命的果实

1913年，袁世凯
暗杀宋教仁，孙中山发动
反袁的“二次革命”

努力挽救共和制度
1.发动“二次革命” 3.发动护国运动(袁世凯被迫取消帝制)
2.组织中华革命党 4.发动护法运动

1914年5月，袁世凯
撕毁《临时约法》，
炮制《中华民国约法》

1915年5月，为争取日本
支持复辟帝制，袁世凯
接受“二十一条”要求

1915年9月，新文化运动开始
陈独秀创办《青年杂志》(后改名为《新青年》)

1915年12月
护国运动爆发

1916年3月，
袁世凯取消
帝制，不久
离世

1917年1月，北京大学
和《新青年》编辑部
开始成为新文化运动的
主要阵地，其基本口号
是民主和科学

1917年6月
张勋复辟，12天后破产

1917年11月，俄国
十月革命爆发（中国
的民族民主革命
自此之后就属于世界
无产阶级社会主义
革命的一部分了）

1918年5月21日，护法运动失败（标志着旧民主主义
革命的失败）

1918年7月李大钊发表《法俄革命之比较观》，
第一次正确阐述十月革命的性质

1918年11月、12月，李大钊相继发表《庶民的胜利》和《布尔什维主义的胜利》，
揭露了第一次世界大战的本质，歌颂了十月革命和布尔什维主义的胜利

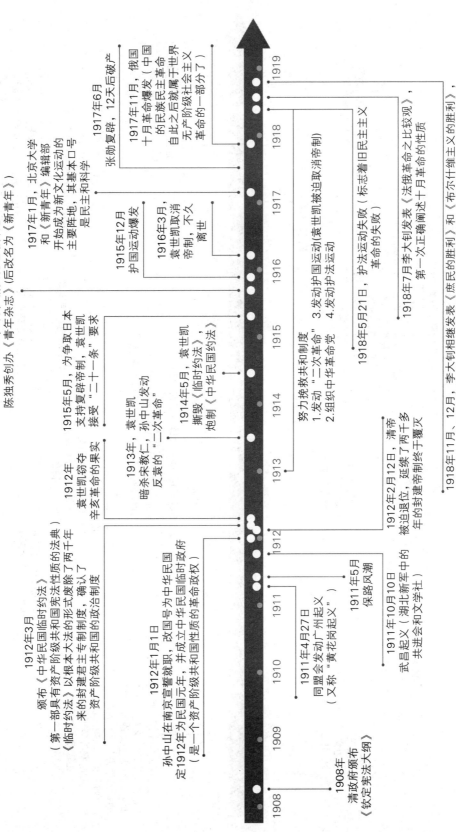

- 1919年5月4日 五四运动爆发（新民主主义革命阶段的开端）
- 1919年9月、11月，李大钊发表《我的马克思主义观》一文，明确地把马克思主义称为“世界改造原动的学说”，并且对马克思的唯物史观、剩余价值学说和阶级斗争理论作了比较系统的介绍
- 1920年8月，中国第一个工人阶级政党的组织在上海建立，即上海共产主义小组
- 1921年7月23日 中共一大在上海举行
- 1921年9月，浙江省萧山县衙前村成立了中国第一个农民协会，开展反抗地主压迫的斗争
- 从1922年1月香港海员罢工到1923年2月京汉铁路工人罢工 在中国共产党的领导、组织、推动下中国掀起了第一个工人运动的高潮
- 1922年7月 中共二大召开（最高纲领、最低纲领）
- 1923年1月，孙中山和苏俄代表越飞联名发表《孙文越飞联合宣言》，标志着孙中山联俄政策的确立
- 1923年6月，中共三大正式决定全体共产党员以个人名义加入国民党，同孙中山建立的国民党建立统一战线
- 1924年1月，国民党一大召开（新三民主义：联俄、联共、扶助农工）第一次国共合作正式形成
- 1925年1月，中共四大在上海举行，提出了无产阶级在民主革命中的领导权以及工农联盟的问题
- 1925年5月 五卅运动爆发 掀起了大革命的高潮
- 1925年7月1日 国民政府在广州建立
- 1926年7月 以推翻北洋军阀统治为目标的北伐战争开始
- 1926年9月1日，毛泽东发表《国民革命与农民运动》一文，指出“农民问题乃国民革命的中心问题”

1919 1920 1921 1922 1923 1924 1925 1926 1927

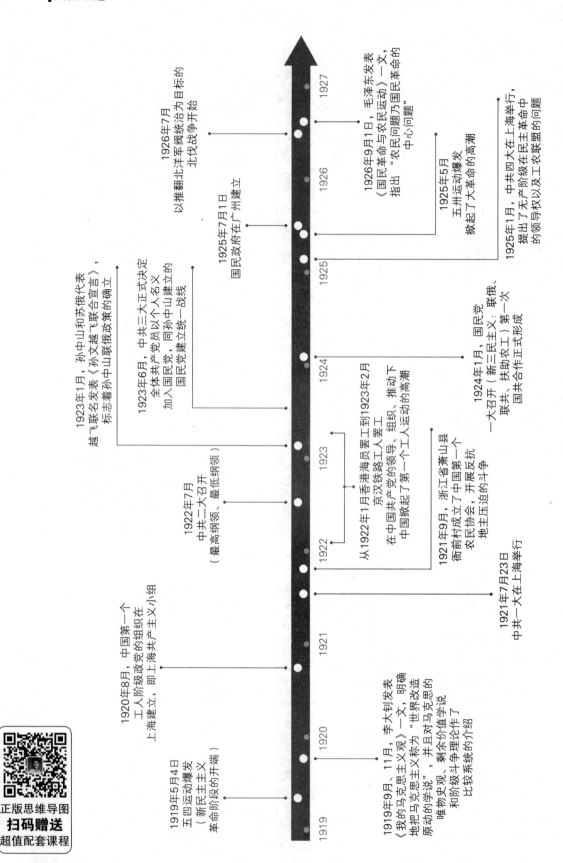

1927　1928　1929　1930　1931　1932

1927年4月12日
四一二反革命政变

1927年4月18日
南京国民政府
成立

1927年7月15日
七一五反革命政变
（国共合作全面破裂，
大革命最终失败）

1927年8月1日
南昌起义
武装反抗国民党反动统治第一枪

1927年8月7日
八七会议，彻底清算陈独秀
右倾机会主义错误，确定了
土地革命和武装反抗的总方针，
并选出了以瞿秋白为首的
中央临时政治局

1927年9月9日，毛泽东等
领导的湘赣边界秋收起义爆发，
起义军公开打出了“工农革命军”的旗帜

1927年10月7日，秋收起义军
抵达井冈山，开始创建井冈山
农村革命根据地的斗争

1927年11月—1928年4月
以瞿秋白为代表的“左”倾
盲动错误，盲目要求创造总暴动

1927年12月11日，
张太雷、叶挺和叶剑英
等领导了广州起义

1928年10月，毛泽东完成
《中国的红色政权为什么能够存在?》
11月，毛泽东完成《井冈山的斗争》
提出了工农武装割据思想

1928年12月
《井冈山土地法》
中国共产党历史上
第一个土地法

1928年12月29日
东北易帜
国民党在全国建立了统治

1929年4月
《兴国土地法》
(第一个可以实施的
科学的土地法)

1930年1月,毛泽东完成
《星星之火，可以燎原》
初步形成了以乡村为中心、
先在农村建立和发展红色政权，
待条件成熟时再夺取全国政权的思想

1930年5月
毛泽东完成《反对本本主义》
提出了“没有调查，没有发言权"和
农村包围城市、武装夺取政权
道路理论，标志着毛泽东思想的初步形成

1930年6月—1930年9月，
以李立三为代表的“左”倾冒险主义，
盲目要求进行全国暴动，攻打武汉等中心城市

1931年9月18日
九一八事变
中国抗日战争的起点
（局部抗战开始）

1931年11月，中华苏维埃
第一次全国代表大会举行

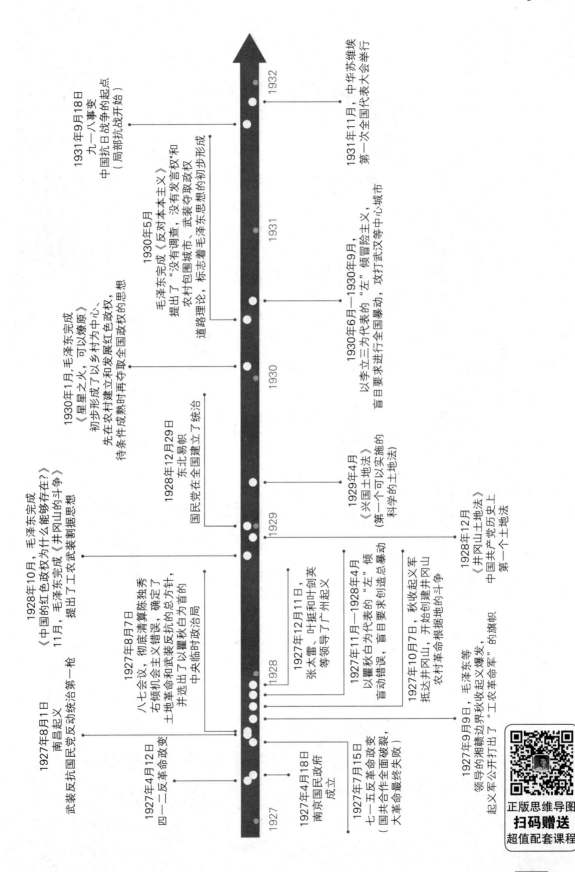

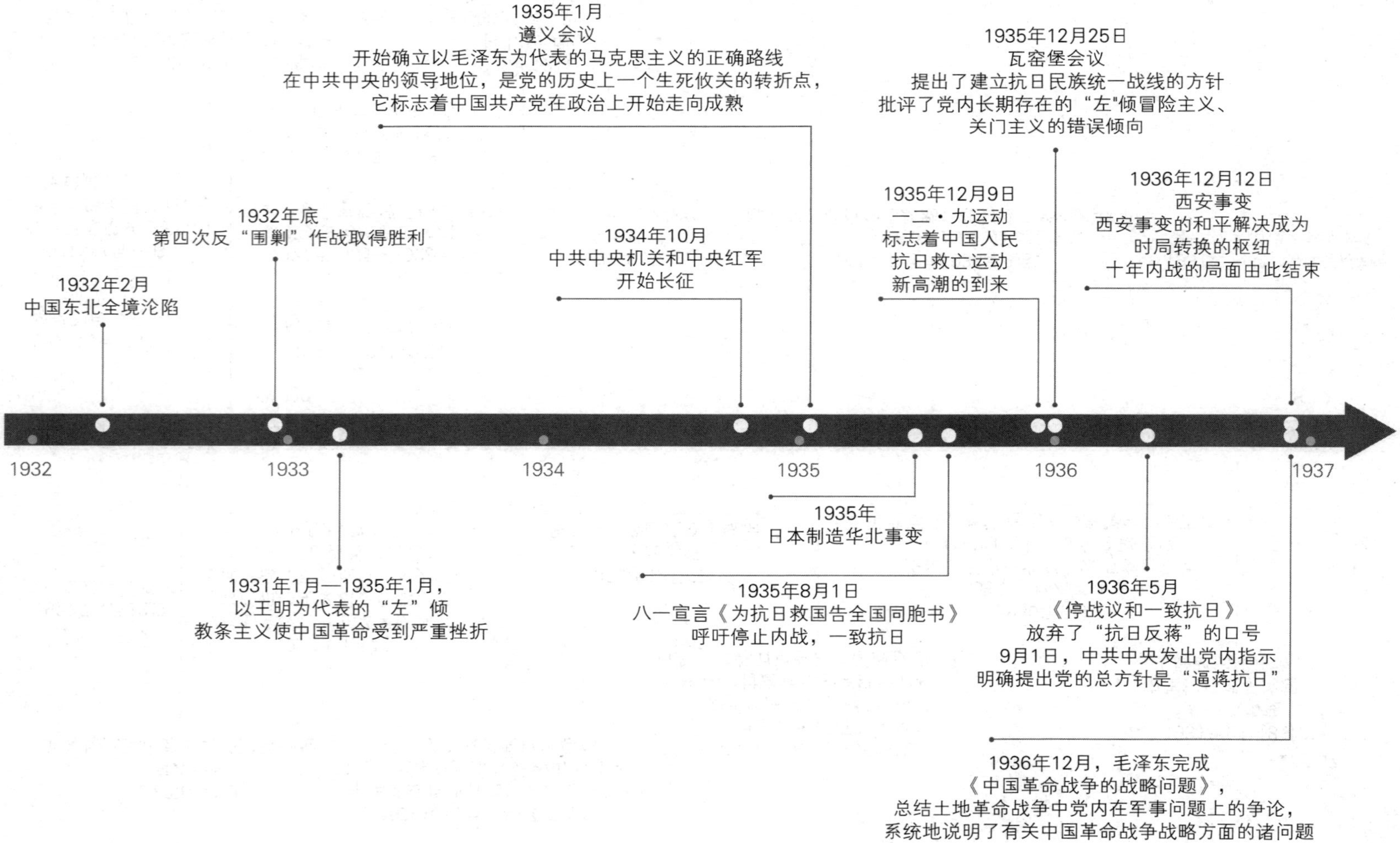
1932年2月
中国东北全境沦陷
1932年底
第四次反“围剿”作战取得胜利
1931年1月—1935年1月，
以王明为代表的“左”倾
教条主义使中国革命受到严重挫折
1934年10月
中共中央机关和中央红军
开始长征
1935年1月
遵义会议
开始确立以毛泽东为代表的马克思主义的正确路线
在中共中央的领导地位，是党的历史上一个生死攸关的转折点，
它标志着中国共产党在政治上开始走向成熟
1935年
日本制造华北事变
1935年8月1日
八一宣言《为抗日救国告全国同胞书》
呼吁停止内战，一致抗日
1935年12月9日
一二·九运动
标志着中国人民
抗日救亡运动
新高潮的到来
1935年12月25日
瓦窑堡会议
提出了建立抗日民族统一战线的方针
批评了党内长期存在的“左”倾冒险主义、
关门主义的错误倾向
1936年5月
《停战议和一致抗日》
放弃了“抗日反蒋”的口号
9月1日，中共中央发出党内指示
明确提出党的总方针是“逼蒋抗日”
1936年12月12日
西安事变
西安事变的和平解决成为
时局转换的枢纽
十年内战的局面由此结束
1936年12月，毛泽东完成
《中国革命战争的战略问题》，
总结土地革命战争中党内在军事问题上的争论，
系统地说明了有关中国革命战争战略方面的诸问题
1932
1933
1934
1935
1936
1937

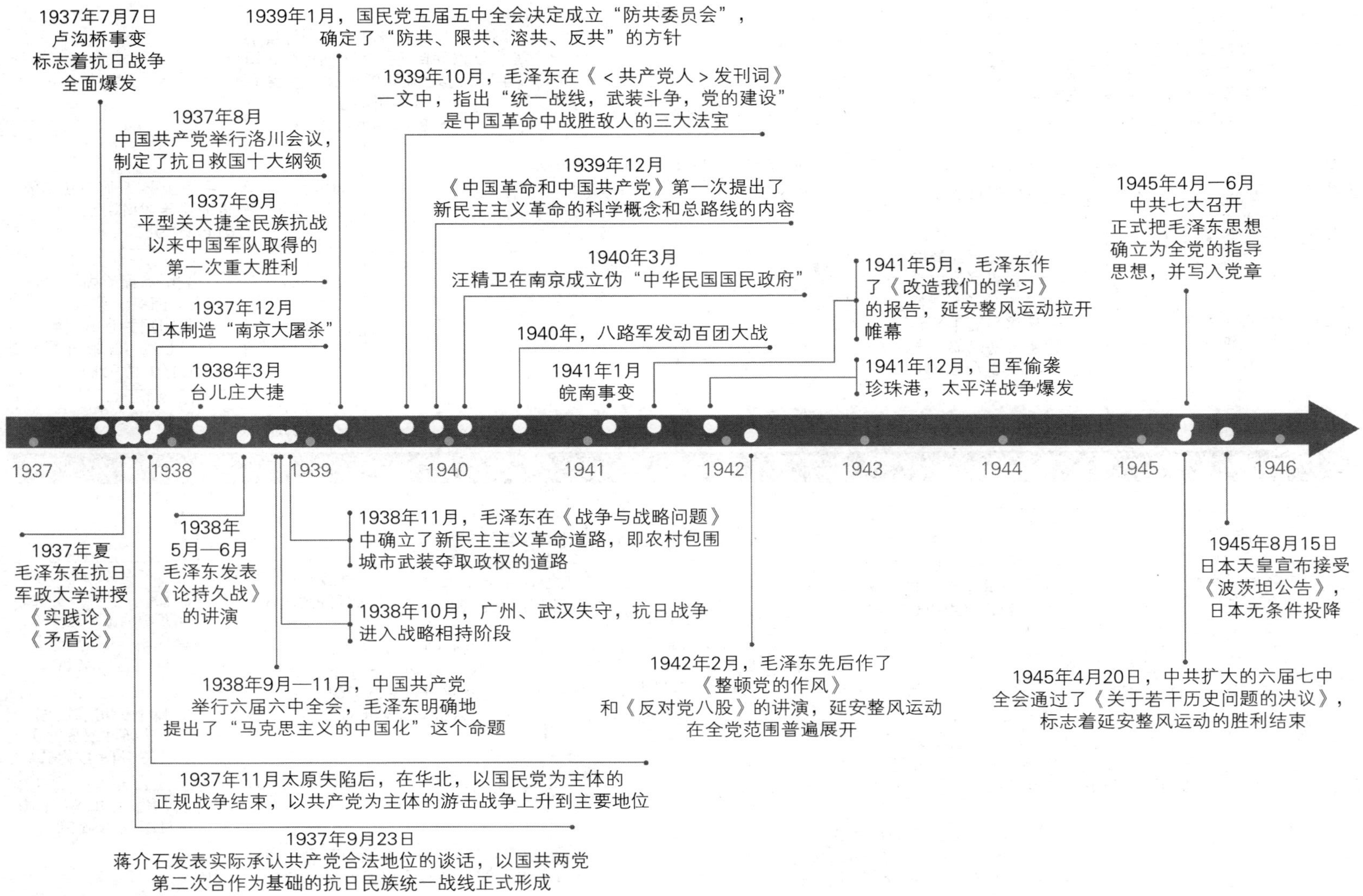
1937年7月7日
卢沟桥事变
标志着抗日战争
全面爆发
1937年夏
毛泽东在抗日
军政大学讲授
《实践论》
《矛盾论》
1937年8月
中国共产党举行洛川会议，
制定了抗日救国十大纲领
1937年9月
平型关大捷全民族抗战
以来中国军队取得的
第一次重大胜利
1937年9月23日
蒋介石发表实际承认共产党合法地位的谈话，以国共两党
第二次合作为基础的抗日民族统一战线正式形成
1937年11月太原失陷后，在华北，以国民党为主体的
正规战争结束，以共产党为主体的游击战争上升到主要地位
1937年12月
日本制造“南京大屠杀”
1938年3月
台儿庄大捷
1938年
5月—6月
毛泽东发表
《论持久战》
的讲演
1938年9月—11月，中国共产党
举行六届六中全会，毛泽东明确地
提出了“马克思主义的中国化”这个命题
1938年10月，广州、武汉失守，抗日战争
进入战略相持阶段
1938年11月，毛泽东在《战争与战略问题》
中确立了新民主主义革命道路，即农村包围
城市武装夺取政权的道路
1939年1月，国民党五届五中全会决定成立“防共委员会”，
确定了“防共、限共、溶共、反共”的方针
1939年10月，毛泽东在《＜共产党人＞发刊词》
一文中，指出“统一战线，武装斗争，党的建设”
是中国革命中战胜敌人的三大法宝
1939年12月
《中国革命和中国共产党》第一次提出了
新民主主义革命的科学概念和总路线的内容
1940年3月
汪精卫在南京成立伪“中华民国国民政府”
1940年，八路军发动百团大战
1941年1月
皖南事变
1941年5月，毛泽东作
了《改造我们的学习》
的报告，延安整风运动拉开
帷幕
1941年12月，日军偷袭
珍珠港，太平洋战争爆发
1942年2月，毛泽东先后作了
《整顿党的作风》
和《反对党八股》的讲演，延安整风运动
在全党范围普遍展开
1945年4月20日，中共扩大的六届七中
全会通过了《关于若干历史问题的决议》，
标志着延安整风运动的胜利结束
1945年4月—6月
中共七大召开
正式把毛泽东思想
确立为全党的指导
思想，并写入党章
1945年8月15日
日本天皇宣布接受
《波茨坦公告》，
日本无条件投降
1937
1938
1939
1940
1941
1942
1943
1944
1945
1946

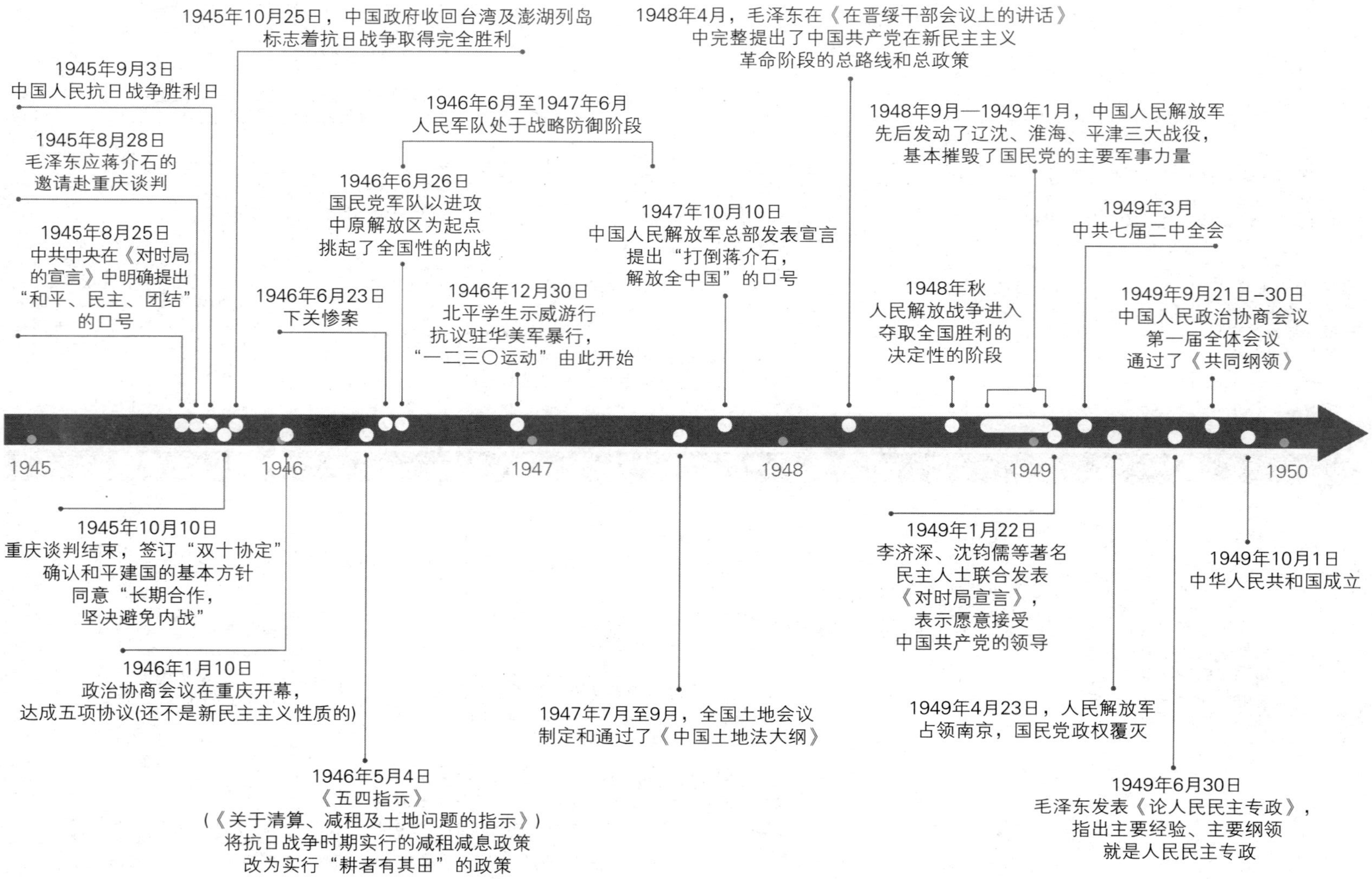
1945年9月3日
中国人民抗日战争胜利日
1945年8月28日
毛泽东应蒋介石的邀请赴重庆谈判
1945年8月25日
中共中央在《对时局的宣言》中明确提出"和平、民主、团结"的口号
1945年10月25日，中国政府收回台湾及澎湖列岛
标志着抗日战争取得完全胜利
1946年6月23日
下关惨案
1946年6月26日
国民党军队以进攻中原解放区为起点挑起了全国性的内战
1946年6月至1947年6月
人民军队处于战略防御阶段
1946年12月30日
北平学生示威游行
抗议驻华美军暴行，
"一二三〇运动"由此开始
1947年10月10日
中国人民解放军总部发表宣言
提出"打倒蒋介石，
解放全中国"的口号
1948年4月，毛泽东在《在晋绥干部会议上的讲话》
中完整提出了中国共产党在新民主主义
革命阶段的总路线和总政策
1948年秋
人民解放战争进入夺取全国胜利的决定性的阶段
1948年9月—1949年1月，中国人民解放军
先后发动了辽沈、淮海、平津三大战役，
基本摧毁了国民党的主要军事力量
1949年3月
中共七届二中全会
1949年9月21日–30日
中国人民政治协商会议
第一届全体会议
通过了《共同纲领》
1945
1946
1947
1948
1949
1950
1945年10月10日
重庆谈判结束，签订"双十协定"
确认和平建国的基本方针
同意"长期合作，
坚决避免内战"
1946年1月10日
政治协商会议在重庆开幕，
达成五项协议(还不是新民主主义性质的)
1946年5月4日
《五四指示》
(《关于清算、减租及土地问题的指示》)
将抗日战争时期实行的减租减息政策
改为实行"耕者有其田"的政策
1947年7月至9月，全国土地会议
制定和通过了《中国土地法大纲》
1949年1月22日
李济深、沈钧儒等著名
民主人士联合发表
《对时局宣言》，
表示愿意接受
中国共产党的领导
1949年4月23日，人民解放军
占领南京，国民党政权覆灭
1949年6月30日
毛泽东发表《论人民民主专政》，
指出主要经验、主要纲领
就是人民民主专政
1949年10月1日
中华人民共和国成立

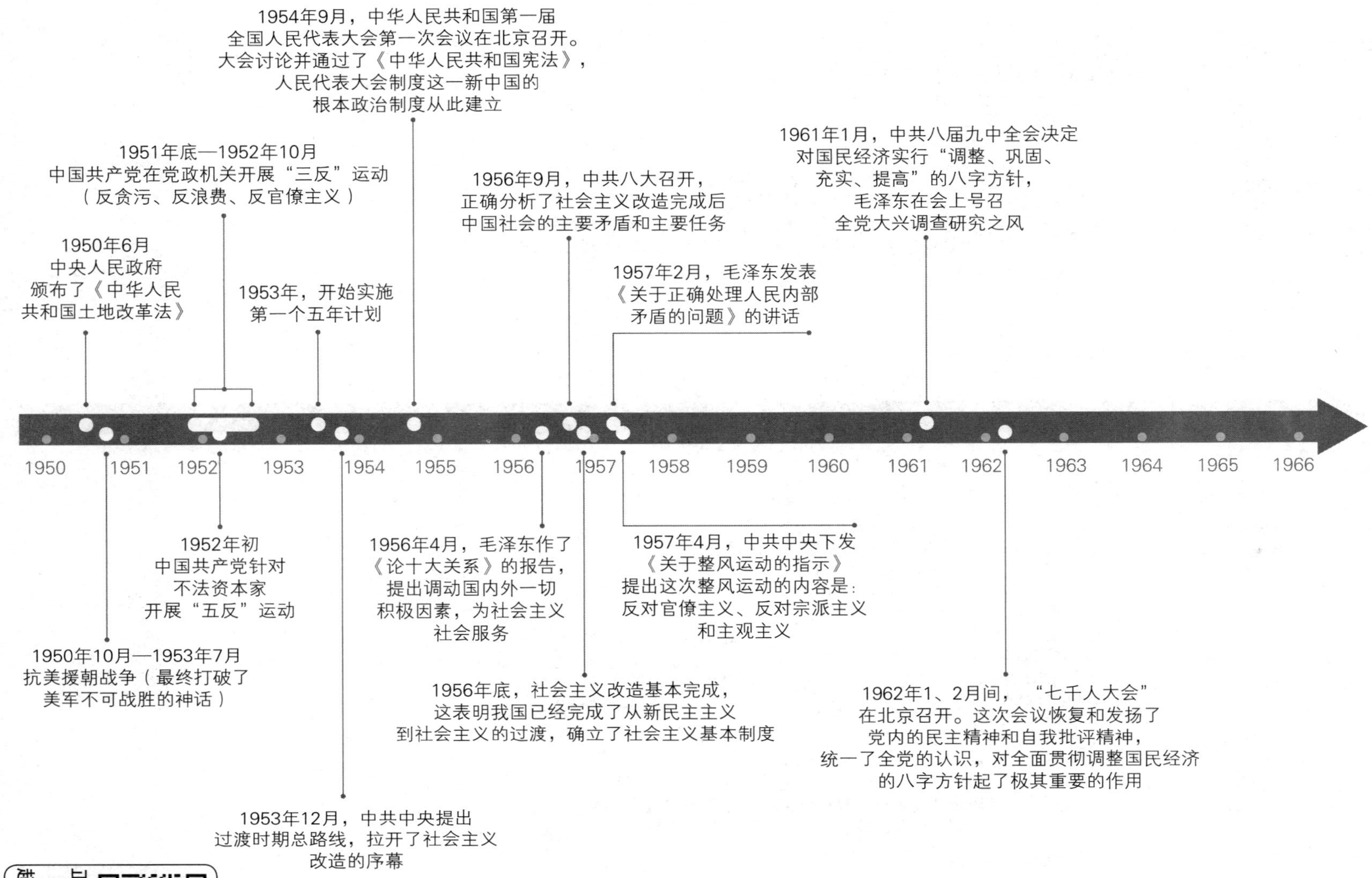
1950年6月
中央人民政府
颁布了《中华人民
共和国土地改革法》
1950年10月—1953年7月
抗美援朝战争（最终打破了
美军不可战胜的神话）
1951年底—1952年10月
中国共产党在党政机关开展“三反”运动
（反贪污、反浪费、反官僚主义）
1952年初
中国共产党针对
不法资本家
开展“五反”运动
1953年，开始实施
第一个五年计划
1953年12月，中共中央提出
过渡时期总路线，拉开了社会主义
改造的序幕
1954年9月，中华人民共和国第一届
全国人民代表大会第一次会议在北京召开。
大会讨论并通过了《中华人民共和国宪法》，
人民代表大会制度这一新中国的
根本政治制度从此建立
1956年4月，毛泽东作了
《论十大关系》的报告，
提出调动国内外一切
积极因素，为社会主义
社会服务
1956年9月，中共八大召开，
正确分析了社会主义改造完成后
中国社会的主要矛盾和主要任务
1956年底，社会主义改造基本完成，
这表明我国已经完成了从新民主主义
到社会主义的过渡，确立了社会主义基本制度
1957年2月，毛泽东发表
《关于正确处理人民内部
矛盾的问题》的讲话
1957年4月，中共中央下发
《关于整风运动的指示》
提出这次整风运动的内容是：
反对官僚主义、反对宗派主义
和主观主义
1961年1月，中共八届九中全会决定
对国民经济实行“调整、巩固、
充实、提高”的八字方针，
毛泽东在会上号召
全党大兴调查研究之风
1962年1、2月间，“七千人大会”
在北京召开。这次会议恢复和发扬了
党内的民主精神和自我批评精神，
统一了全党的认识，对全面贯彻调整国民经济
的八字方针起了极其重要的作用
1950
1951
1952
1953
1954
1955
1956
1957
1958
1959
1960
1961
1962
1963
1964
1965
1966

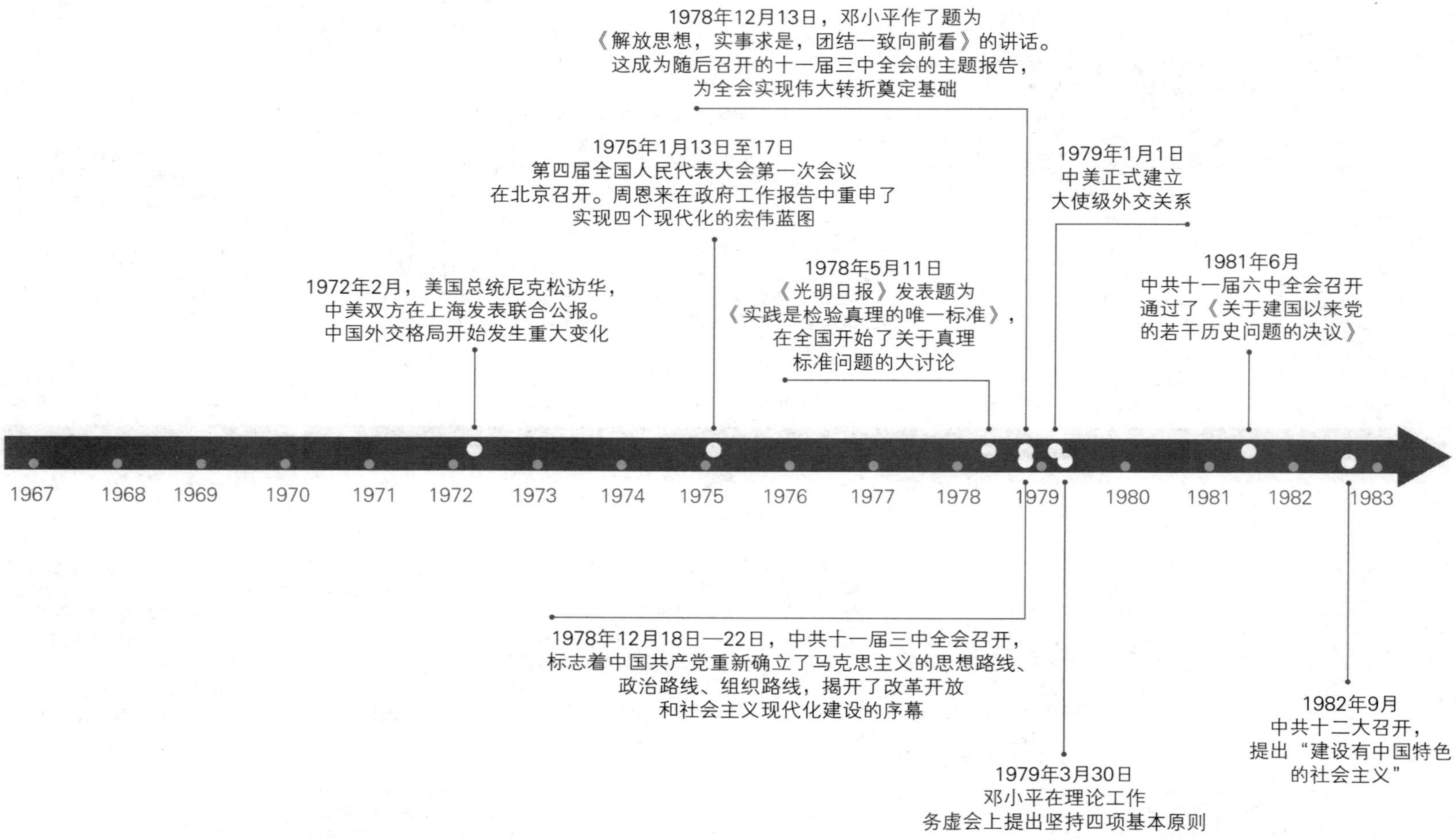
1978年12月13日，邓小平作了题为
《解放思想，实事求是，团结一致向前看》的讲话。
这成为随后召开的十一届三中全会的主题报告，
为全会实现伟大转折奠定基础
1975年1月13日至17日
第四届全国人民代表大会第一次会议
在北京召开。周恩来在政府工作报告中重申了
实现四个现代化的宏伟蓝图
1979年1月1日
中美正式建立
大使级外交关系
1972年2月，美国总统尼克松访华，
中美双方在上海发表联合公报。
中国外交格局开始发生重大变化
1978年5月11日
《光明日报》发表题为
《实践是检验真理的唯一标准》，
在全国开始了关于真理
标准问题的大讨论
1981年6月
中共十一届六中全会召开
通过了《关于建国以来党
的若干历史问题的决议》
1967
1968
1969
1970
1971
1972
1973
1974
1975
1976
1977
1978
1979
1980
1981
1982
1983
1978年12月18日—22日，中共十一届三中全会召开，
标志着中国共产党重新确立了马克思主义的思想路线、
政治路线、组织路线，揭开了改革开放
和社会主义现代化建设的序幕
1982年9月
中共十二大召开，
提出“建设有中国特色
的社会主义”
1979年3月30日
邓小平在理论工作
务虚会上提出坚持四项基本原则

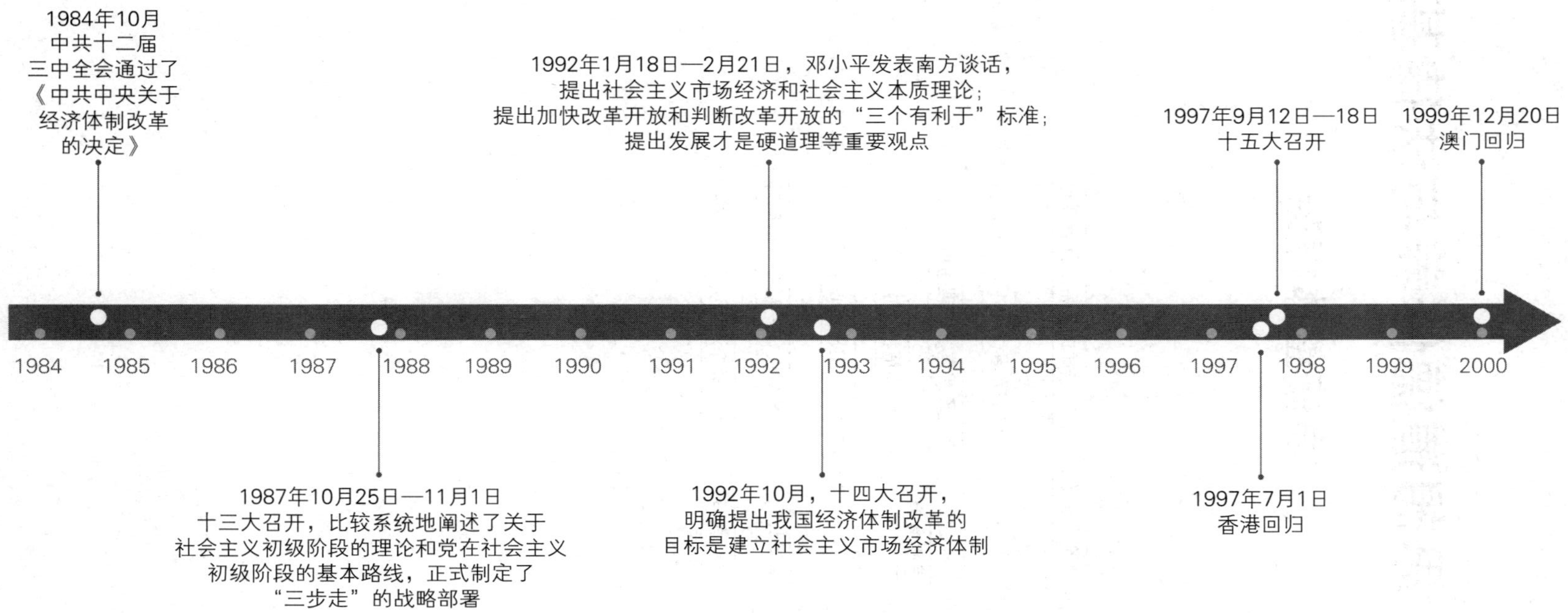
1984年10月
中共十二届
三中全会通过了
《中共中央关于
经济体制改革
的决定》
1987年10月25日—11月1日
十三大召开，比较系统地阐述了关于
社会主义初级阶段的理论和党在社会主义
初级阶段的基本路线，正式制定了
“三步走”的战略部署
1992年1月18日—2月21日，邓小平发表南方谈话，
提出社会主义市场经济和社会主义本质理论；
提出加快改革开放和判断改革开放的“三个有利于”标准；
提出发展才是硬道理等重要观点
1992年10月，十四大召开，
明确提出我国经济体制改革的
目标是建立社会主义市场经济体制
1997年7月1日
香港回归
1997年9月12日—18日
十五大召开
1999年12月20日
澳门回归
1984
1985
1986
1987
1988
1989
1990
1991
1992
1993
1994
1995
1996
1997
1998
1999
2000

四、思想道德修养与法律基础

思修整体框架

- 思想道德修养与法律基础
  - 绪论（思想、道德、法律的关系及其重要性）
  - 思想教育
    - 人生的青春之问（人生观、价值观）
    - 坚定理想信念（理想信念）
    - 弘扬中国精神（中国精神）
    - 践行社会主义核心价值观（社会主义核心价值观）
  - 道德教育
    - 明大德守公德严私德（道德观）
  - 法律教育
    - 尊法学法守法用法（法律基础）

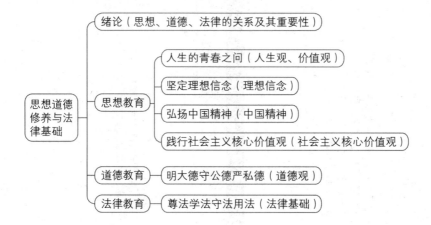

- 绪论
  - 我们处在中国特色社会主义新时代
    - 大学阶段，是人生发展的重要时期，是世界观、人生观、价值观形成的关键时期
    - 新时代是我们理解当前所处历史方位的关键词
    - 中国梦是历史的、现实的，也是未来的
    - 中国梦是国家的、民族的，也是每一个中国人的
  - 时代新人要以民族复兴为己任
    - 做有理想有本领有担当的时代新人
      - 要有崇高的理想信念，牢记使命，自信自励
      - 要有高强的本领才干，勤奋学习，全面发展
      - 要有天下兴亡、匹夫有责的担当精神，讲求奉献，实干进取
    - 提升思想道德素质与法治素养
      - 思想道德和法律的比较
        - 共同点
          - 都是调节人们思想行为、协调人际关系、维护社会秩序的重要手段
          - 都是社会上层建筑的重要组成部分，共同服务于一定的经济基础
        - 不同点：二者在调节领域、调节方式、调节目标等方面发挥的作用和方式存在很大不同
      - 思想道德和法律的相互关系
        - 思想道德为法律提供思想指引和价值基础
          - 思想道德为法律的制定、发展和完善提供价值准则，是社会主义法律正当性和合理性的重要基础
          - 思想道德能够促进人们自觉尊法学法守法用法，维护法律权威
          - 思想道德调整社会关系的范围和方式更加广泛灵活，可以弥补法律调整的短板，与法律一道共同促进良好社会秩序的形成
        - 法律为思想道德提供制度保障
          - 法律通过对思想道德的基本原则予以确认，为思想道德建设提供国家强制力保障
          - 科学立法和民主立法，可以将思想道德有机融入法律体系，使法律具有鲜明道德导向，让法治成为良法善治
          - 严格执法和公正司法，有利于维护社会公平正义，弘扬真善美、打击假恶丑，使思想道德要求在实践中得到切实遵循
          - 全民普法和全民守法，有助于增强人们信守法律的思想道德水平，引导人们自觉履行法定义务、家庭责任、社会责任
        - 坚持和发展中国特色社会主义，需要道德和法律同时发挥作用
          - 发挥思想道德的引领和教化作用
          - 发挥法律的规范和强制作用
      - 思想道德素质和法治素养是人的基本素质

- 人生的青春之问
  - 人生观是对人生的总看法
    - 人生与人生观
      - 正确认识人的本质：在现实性上，人的本质是一切社会关系的总和(人的社会关系的总和决定了人的本质)
      - 人生观的主要内容
        - 人生目的
          - 含义:人生目的(人生观的核心)是指生活在一定历史条件下的人，对“人为什么活着”这一人生根本问题的认识和回答
          - 在人生实践中的作用
            - 人生目的决定人生道路
            - 人生目的决定人生态度
            - 人生目的决定人生价值选择
        - 人生态度
          - 含义：人们通过生活实践形成的对人生问题的一种稳定的心理倾向和精神状态
          - 与人生观的关系
            - 当一个人对自己的人生观作出了某种明确的选择，实际上就在主要方面决定了他将如何对待生活，决定了他在实践中将以怎样的方式处理各种人生问题
            - 一个人对人生的态度如何，往往又制约着他对整个世界和人生的看法，从而对个人的世界观、人生观产生重要的影响
        - 人生价值
          - 含义：人生价值是人的生命及其实践活动对于社会和个人所具有的作用和意义
          - 人生价值的两个方面
            - 自我价值
            - 社会价值
            - 两者关系(对立统一)
              - 一方面，人生的自我价值是个体生存和发展的必要条件，人生的自我价值的实现是个体为社会创造更大价值的前提
              - 另一方面，人生的社会价值是社会存在和发展的重要条件，人生社会价值的实现是个体自我完善、全面发展的保障
        - 总结
          - 人生目的表明人的一生追求什么，人生态度表示以怎样的心态实现人生目标，人生价值判定一个具体人生的价值和意义
    - 人生观与世界观的关系
      - 世界观决定人生观
      - 人生观又对世界观的巩固、发展和变化起着重要作用
    - 个人与社会的辩证关系
      - 个人与社会是对立统一的关系，两者相互依存、相互制约、相互促进
      - 个人与社会，最根本的是个人利益与社会利益的关系
      - 人的社会性决定了人只有在推动社会进步的过程中，才能实现自我的发展
  - 正确的人生观 ⊕
  - 创造有意义的人生 ⊕

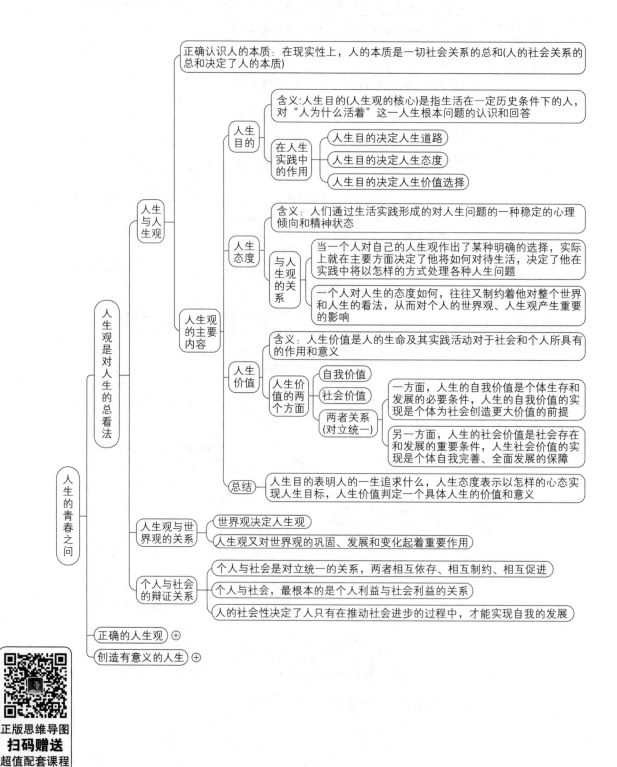

- 人生的青春之问
  - 人生观是对人生的总看法
  - 正确的人生观
    - 科学高尚的人生追求
      - “服务人民、奉献社会”的思想以其科学而高尚的品质，代表了人类社会迄今最先进的人生追求
      - 确立服务人民、奉献社会的科学高尚的人生追求的意义
        - 才能清楚地把握人的生命历程和奋斗目标，深刻理解人为了什么而活、应走什么样的人生之路等道理
        - 才能以正确的人生态度对待人生、解决实际生活中的各种问题，以人民利益为重，始终对祖国和人民具有高度的责任感，在服务人民、奉献社会中实现自己的人生价值
        - 才能掌握正确的人生价值标准，才能懂得人生的价值首先在于奉献，自觉用真善美来塑造自己，不断培养高洁的操行和纯朴的情感，努力使自己成为一个高尚的人
    - 积极进取的人生态度
      - 人生须认真
      - 人生当务实
      - 人生应乐观
      - 人生要进取
    - 人生价值的评价与实现
      - 正确评价人生价值
        - 评价人生价值的根本尺度
          - 是看一个人的实践活动是否符合社会发展的客观规律，是否促进了历史的进步
        - 当今衡量人生价值的最重要标准
          - 是看一个人是否用自己的劳动和聪明才智为国家和社会真诚奉献，为人民群众尽心尽力服务
        - 人生价值的评价方法
          - 坚持能力有大小与贡献须尽力相统一
          - 坚持物质贡献与精神贡献相统一
          - 坚持完善自身与贡献社会相统一
      - 人生价值的实现条件
        - 实现人生价值要从社会客观条件出发
        - 实现人生价值要从个体自身条件出发
        - 不断增强实现人生价值的能力和本领
  - 创造有意义的人生

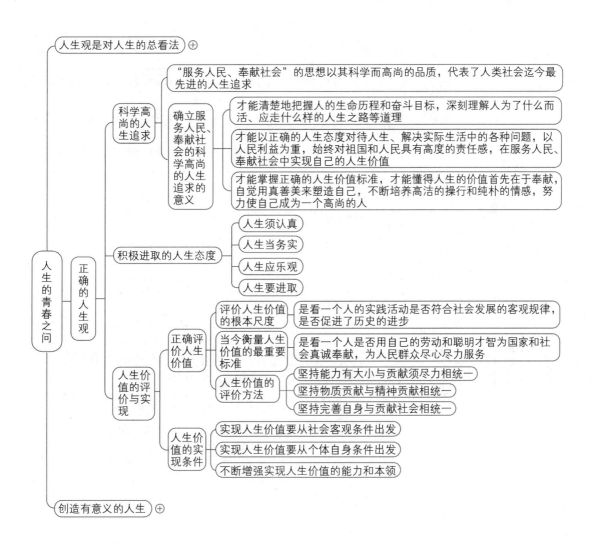

- 人生的青春之问
  - 人生观是对人生的总看法 ⊕
  - 正确的人生观 ⊕
  - 创造有意义的人生
    - 辩证对待人生矛盾
      - 树立正确的幸福观
        - 幸福都是奋斗出来的（奋斗本身就是一种幸福。只有奋斗的人生才称得上幸福的人生）
        - 幸福是一个总体性范畴；幸福总是相对的，不是尽善尽美的，不同的人有不同的幸福标准
        - 实现幸福离不开一定的物质条件，但人的幸福不能仅仅局限于物质方面，精神需要的满足、精神生活的充实也是幸福的重要方面
        - 在追求幸福的过程中，我们不能把自己的幸福建立在损害社会整体和他人利益的基础上
      - 树立正确的得失观
        - 不用拘泥于个人利益的得失
        - 不要满足于一时的得
        - 不要惧怕一时的失
      - 树立正确的苦乐观
        - 苦与乐既对立又统一，又在一定条件下可以相互转化
        - 真正的快乐只能由奋斗的艰苦转化而来
        - 大学生在成长过程中，要准确把握苦与乐的辩证关系，努力做迎难而上、艰苦奋斗的开拓者
      - 树立正确的顺逆观
        - 无论是顺境还是逆境，对人生的作用都是双重的，关键是怎样去认识和对待它们
        - 只有善于利用顺境，勇于正视逆境和战胜逆境，人生价值才能够实现
      - 树立正确的生死观
        - 我们无法增加生命的长度，但却能追求生命应有的高度
        - 大学生应珍惜韶华，在服务人民、投身民族复兴伟大事业中开发出生命所蕴藏的巨大潜能，努力给有限的个体生命赋予更有价值的意义
      - 树立正确的荣辱观
        - 荣辱观对个人的思想行为具有鲜明的动力、导向和调节作用
        - 大学生只有具备正确的荣辱观，明确是非、对错、善恶、美丑的界限，才能为自身判断行为得失，作出道德选择，确定价值取向，提供基本的价值准则和行为规范
    - 反对错误人生观
      - 反对拜金主义
      - 反对享乐主义
      - 反对极端个人主义
    - 成就出彩人生：与历史同向、与祖国同行、与人民同在，在服务人民、奉献社会中创造有意义的人生

- 坚定理想信念
  - 理想信念的内涵及重要性
    - 什么是理想信念
      - 理想的内涵与特征
        - 内涵：理想是人们在实践中形成的、有实现可能性的、对未来社会和自身发展目标的向往与追求，是人们的世界观、人生观和价值观在奋斗目标上的集中体现
          - 从性质上划分：科学理想和非科学理想
          - 从时序上划分：长远理想和近期理想
          - 从主体上划分：个人理想和社会理想
          - 从内容上划分：社会政治理想、道德理想、职业理想、生活理想等
      - 信念的内涵与特征
        - 内涵：信念是认知、情感和意志的有机统一体，是人们在一定的认识基础上确立的对某种思想或事物坚信不疑并身体力行的精神状态
        - 特征
          - 执着性
          - 多样性
          - 信仰是最高层次的信念，具有最大的统摄力
      - 理想和信念的关系(相互依存)：理想是信念所指的对象，信念则是理想实现的保障
    - 理想信念是精神之“钙”：理想指引方向，信念决定成败
      - 理想信念昭示奋斗目标
      - 理想信念提供前进动力
      - 理想信念提高精神境界
  - 崇高的理想信念
    - 为什么要信仰马克思主义
      - 马克思主义体现了科学性和革命性的统一
      - 马克思主义具有鲜明的实践品格
      - 马克思主义具有持久生命力
    - 中国特色社会主义是我们的共同理想
      - 共同理想：在中国共产党领导下走中国特色社会主义道路、为实现中华民族伟大复兴而奋斗
      - 中国特色社会主义
        - 内涵：中国特色社会主义是科学社会主义，它包括中国特色社会主义道路、中国特色社会主义理论体系、中国特色社会主义制度、中国特色社会主义文化
        - 是改革开放以来党的全部理论和实践的主题，是党和人民历尽千辛万苦、付出巨大代价取得的根本成就
      - 中国共产党的领导是中国特色社会主义最本质的特征
    - 胸怀共产主义远大理想
      - 共产主义是现实运动和长远目标相统一的过程
      - 共产主义远大理想的最终实现是一个漫长、艰辛的历史过程，需要一代又一代人付出艰苦的努力
      - 作为当代大学生，我们要正确认识共产主义远大理想和中国特色社会主义共同理想之间的关系
  - 在实现中国梦的实践中放飞青春梦想 ⊕

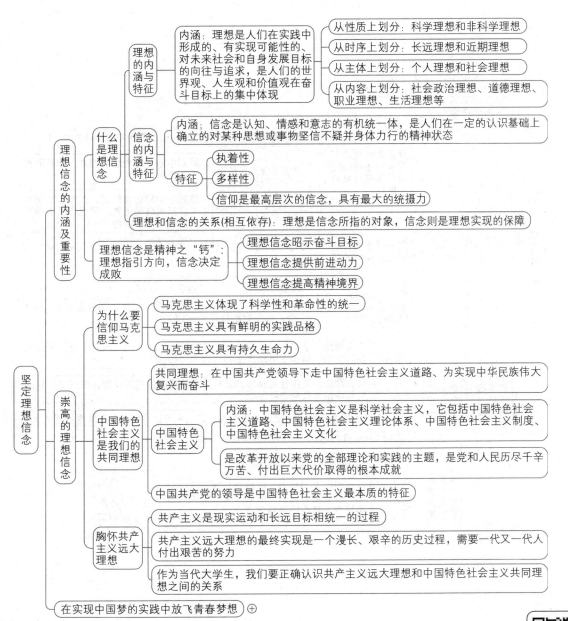

- 坚定理想信念
  - 理想信念的内涵及重要性
  - 崇高的理想信念
  - 在实现中国梦的实践中放飞青春梦想
    - 理想与现实的关系
      - 辩证看待理想与现实的矛盾(理想与现实是对立统一的)
        - 理想与现实存在着对立的一面，理想不等同于现实
        - 理想与现实又是统一的（理想受现实的规定和制约，是在对现实认识的基础上发展起来的）
          - 现实中包含着理想的因素，孕育着理想的发展
          - 理想中也包含着现实，既包含着现实中必然发展的因素，又包含着由理想转换为现实的条件
      - 实现理想的长期性、艰巨性和曲折性：理想的实现是一个过程，要正确对待实现理想过程中的顺境与逆境
      - 艰苦奋斗是实现理想的重要条件，理想必须通过实践才能转化为现实
        - 艰苦奋斗的精神是永远不会过时的
        - 讲艰苦奋斗，是为了实现既定的理想，不怕吃大苦、耐大劳，不惜献出自己的一切
    - 个人理想与社会理想的统一
      - 含义
        - 个人理想：是指处于一定历史条件和社会关系中的个体对于自己未来的物质生活、精神生活所产生的种种向往和追求
        - 社会理想：是指社会集体乃至社会全体成员的共同理想，即在全社会占主导地位的共同奋斗目标
      - 关系
        - 个人理想与社会理想的关系实质上是个人与社会的关系在理想层面的反映
        - 社会理想是对个人理想的凝练和升华
        - 个人理想以社会理想为指引
    - 为实现中国梦注入青春能量
      - 志向，就是理想信念；立志，就是确立理想信念。这里的“志”有双重含义：一是对未来目标的向往；二是实现奋斗目标的顽强意志
        - 立志当高远
        - 立志做大事
        - 立志须躬行

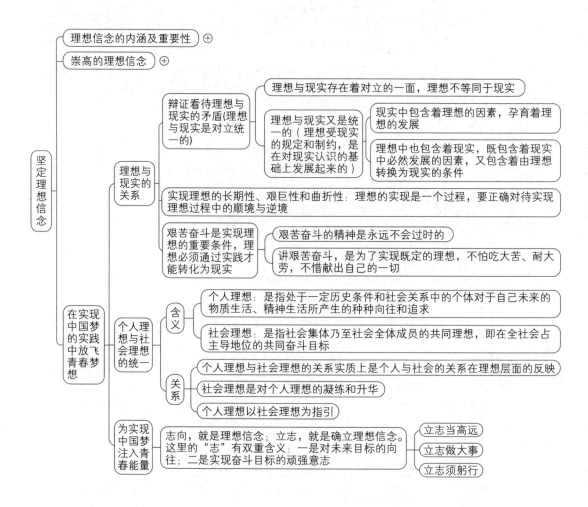

- 弘扬中国精神
  - 中国精神是兴国强国之魂
    - 重精神是中华民族的优秀传统
      - 中华民族崇尚精神的表现
        - 表现在对物质生活与精神生活相互关系的独到理解上
        - 表现在中国古人对理想的不懈追求上
        - 表现在对道德修养和道德教化的重视上
        - 表现为对理想人格的推崇
      - 中国共产党是中华民族重精神优秀传统的忠实继承者和坚定弘扬者
    - 中国精神作为兴国强国之魂，是实现中华民族伟大复兴不可或缺的精神支撑和精神动力
    - 中国精神是民族精神和时代精神的统一
      - 中国精神的基本内容：以爱国主义为核心的民族精神和以改革创新为核心的时代精神
      - 以爱国主义为核心的民族精神
        - 民族精神：一个民族在长期共同生活和社会实践中形成的，为本民族大多数成员所认同的价值取向、思维方式、道德规范、精神气质的总和，是一个民族赖以生存和发展的精神支柱
        - 民族精神包括伟大创造精神、伟大奋斗精神、伟大团结精神、伟大梦想精神
        - 以爱国主义为核心的伟大民族精神，是坚定中国特色社会主义道路自信、理论自信、制度自信、文化自信的底气，是中华民族风雨无阻、高歌行进的根本力量
      - 以改革创新为核心的时代精神
        - 时代精神：一个国家和民族在新的历史条件下形成和发展的，是体现民族特质并顺应时代潮流的思想观念、价值取向、精神风貌和社会风尚的总和，是一种对社会发展具有积极影响和推动作用的集体意识
        - 改革创新精神的体现
          - 突破陈规、大胆探索、敢于创造的思想观念
          - 不甘落后、奋勇争先、追求进步的责任感和使命感
          - 坚韧不拔、自强不息、锐意进取的精神状态
        - 以改革创新为核心的时代精神，是当代中国人民精神风貌的集中写照，是激发社会创造活力的强大力量
      - 民族精神与时代精神的辩证统一
        - 民族精神与时代精神紧密关联，都是一个民族赖以生存和发展的精神支撑
        - 一切民族精神都曾经是时代精神，一切时代精神都将融入民族精神的长河
        - 弘扬和培育民族精神，必须自觉回应时代要求
        - 弘扬和培育时代精神，必须立足民族精神的根基
        - 民族精神和时代精神共同构成了我们当今时代的中国精神
        - 民族精神和时代精神的交融汇通，使得中国精神既具有鲜明的民族性，又洋溢着强烈的时代性
    - 实现中国梦必须弘扬中国精神
      - 中国精神是兴国强国之魂
      - 中国精神的作用
        - 凝聚中国力量的精神纽带
        - 激发创新创造的精神动力
        - 推进复兴伟业的精神定力
  - 爱国主义及其时代要求 ⊕
  - 让改革创新成为青春远航的动力 ⊕

- 弘扬中国精神
  - 中国精神是兴国强国之魂 ⊕
  - 爱国主义及其时代要求
    - 爱国主义的基本内涵
      - 爱国主义是调节个人与祖国之间关系的道德要求、政治原则和法律规范，也是中华民族精神的核心
      - 爱国主义的基本要求
        - 爱祖国的大好河山
        - 爱自己的骨肉同胞
        - 爱祖国的灿烂文化
        - 爱自己的国家
      - 爱国主义的特点：历史的、具体的，在不同的历史时代和文化背景下所产生的爱国主义，具有不同的内涵和特点
    - 新时代的爱国主义
      - 基本要求：坚持爱国主义和社会主义相统一、维护祖国统一和民族团结、尊重和传承中华民族历史和文化、坚持立足民族又面向世界
      - 坚持爱国主义和社会主义相统一
        - 是当代中国爱国主义精神最重要的体现
        - 在当代中国，爱国主义首先体现在对社会主义中国的热爱上
      - 维护祖国统一和民族团结
        - 维护祖国统一：维护和推进祖国统一，是中华民族走向伟大复兴的题中之义（弘扬爱国主义精神的重要着力点和落脚点）
        - 维护民族团结：多民族是我国发展的一大有利因素
      - 尊重和传承中华民族历史和文化
        - 对祖国悠久历史、深厚文化的理解和接受，是人们爱国主义情感培育和发展的重要条件
        - 我们要对中华民族的英雄心怀崇敬，自觉传承好中华民族辉煌灿烂的历史文化
      - 坚持立足民族又面向世界
        - 弘扬新时代的爱国主义，必须坚持立足民族，维护国家发展主体性
        - 弘扬新时代的爱国主义，必须面向世界，构建人类命运共同体(坚持推动构建人类命运共同体，是新时代坚持和发展中国特色社会主义基本方略的重要内容)
    - 做忠诚爱国者
      - 爱国主义：爱国既需要情感的基础，也需要理性的认识，更需要实际的行动
      - 维护和推进祖国统一
        - 是实现中华民族伟大复兴的必然要求，是不可阻挡的历史进程，也是全体中华儿女的共同心愿（保持香港、澳门长期繁荣稳定，和平统一最符合包括台湾同胞在内的中华民族的根本利益）
          - 坚持一个中国原则
          - 推进两岸交流合作
          - 促进两岸同胞团结奋斗
          - 反对“台独”分裂图谋
      - 促进民族团结
        - 是关系祖国统一和边疆巩固的大事
        - 是关系民族团结和社会稳定的大事
        - 是关系国家长治久安和中华民族繁荣昌盛的大事
      - 增强国家安全意识
        - 确立总体国家安全观
          - 以人民安全为宗旨
          - 以政治安全为根本
          - 以经济安全为基础
          - 以军事、文化、社会安全为保障
          - 以促进国际安全为依托
        - 增强国防意识
        - 履行维护国家安全的义务
  - 让改革创新成为青春远航的动力 ⊕

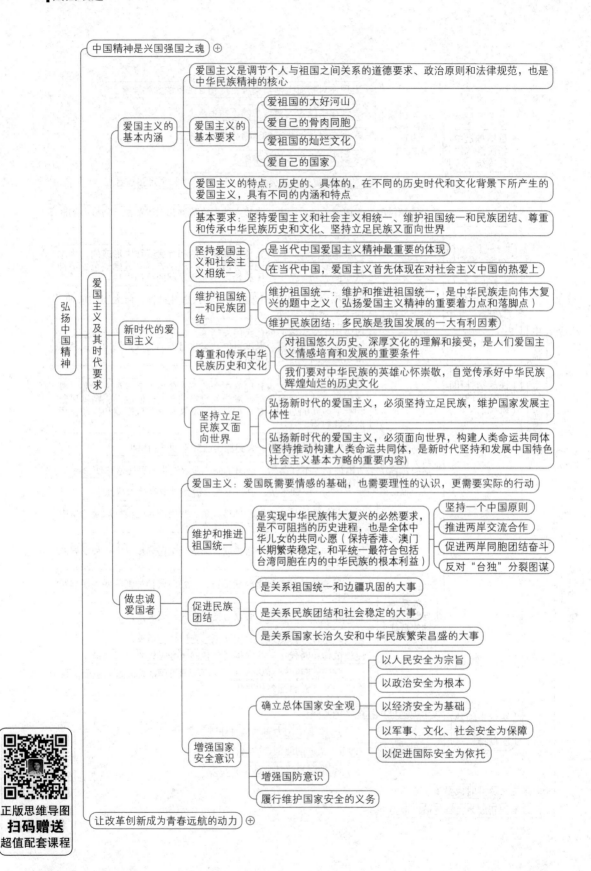

- 弘扬中国精神
  - 中国精神是兴国强国之魂 ⊕
  - 爱国主义及其时代要求 ⊕
  - 让改革创新成为青春远航的动力
    - 创新创造是中华民族最深沉的民族禀赋
      - 中华民族是富有创新精神的民族
      - 勇于创新创造的民族禀赋成就了辉煌灿烂的中华文明
    - 改革创新是时代要求
      - 创新始终是推动人类社会发展的第一动力
      - 创新能力是当今国际竞争新优势的集中体现
      - 改革创新是我国赢得未来的必然要求
    - 做改革创新生力军
      - 树立改革创新的自觉意识
        - 增强改革创新的责任感
        - 树立敢于突破陈规的意识
        - 树立大胆探索未知领域的信心
      - 增强改革创新的能力本领
        - 夯实创新基础
        - 培养创新思维
        - 投身创新实践

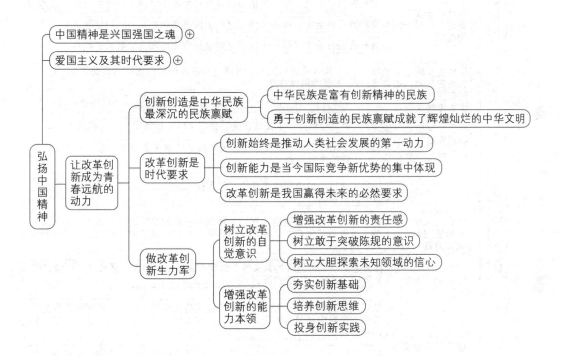

- 践行社会主义核心价值观
  - 全体人民共同的价值追求
    - 社会主义核心价值观的基本内容
      - 核心价值观的基本内容
        - 富强、民主、文明、和谐(回答了我们要建设什么样的国家)
        - 自由、平等、公正、法治(回答了我们要建设什么样的社会)
        - 爱国、敬业、诚信、友善(回答了我们要培育什么样的公民)
      - 核心价值体系的基本内容：马克思主义指导思想、中国特色社会主义共同理想、以爱国主义为核心的民族精神和以改革创新为核心的时代精神、社会主义荣辱观
      - 社会主义核心价值观和社会主义核心价值体系的关系
        - 社会主义核心价值观是社会主义核心价值体系的精神内核
        - 二者具有内在的一致性
    - 当代中国发展进步的精神指引
      - 培育和践行社会主义核心价值观是坚持和发展中国特色社会主义的价值遵循
      - 培育和践行社会主义核心价值观是提高国家文化软实力的迫切要求
      - 培育和践行社会主义核心价值观是增进社会团结和谐的最大公约数
  - 坚定价值观自信
    - 社会主义核心价值观的历史底蕴：集中体现在深深根植于中华优秀传统文化
      - 中华优秀传统文化是涵养社会主义核心价值观的重要源泉，是中华民族的精神命脉
      - 培育和弘扬社会主义核心价值观，必须立足中华优秀传统文化
    - 社会主义核心价值观的现实基础：中国特色社会主义建设实践
      - 中国特色社会主义建设是社会主义核心价值观的实践根据
      - 中国特色社会主义建设以无可辩驳的事实生动展示着社会主义价值观的生机活力
    - 社会主义核心价值观的道义力量
      - 社会主义核心价值观的先进性，体现在它是社会主义制度所坚持和追求的核心价值理念
      - 社会主义核心价值观的人民性，体现在它所代表的是最广大人民的根本利益，反映的是最广大人民的价值诉求，引导着最广大人民为实现美好社会理想而奋斗
      - 社会主义核心价值观的真实性，体现在是用来解决人民要解决的问题，成为真切、具体、广泛的现实
    - 坚定社会主义核心价值观自信的要求
      - 要求我们充分认识社会主义核心价值观的优越性及其在中华民族实现自己梦想的奋斗中所具有的重大意义，自觉以社会主义核心价值观来引领我们的接力前行
      - 要求我们自觉以社会主义核心价值观引领多样化的社会思潮，运用马克思主义客观辩证地分析各种错误价值观的实质，增强抵御错误价值观侵蚀的能力，不断增强社会凝聚力和价值共识
      - 要求我们在发展的进程中虚心学习借鉴人类社会创造的一切文明成果
  - 做社会主义核心价值观的积极践行者
    - 扣好人生的扣子
      - 人生的扣子从一开始就要扣好
      - 大学生成长成才和全面发展，离不开正确价值观的引领
      - 核心价值观的养成绝非一日之功
    - 勤学修德明辨笃实
      - 勤学以增智(知识是树立社会主义核心价值观的重要基础)
      - 修德以立身(“国无德不兴，人无德不立”)
      - 明辨以正心(要增强自己的价值判断力和道德责任感)
      - 笃实以为功(青年关键是要迈稳步子、夯实根基、久久为功)

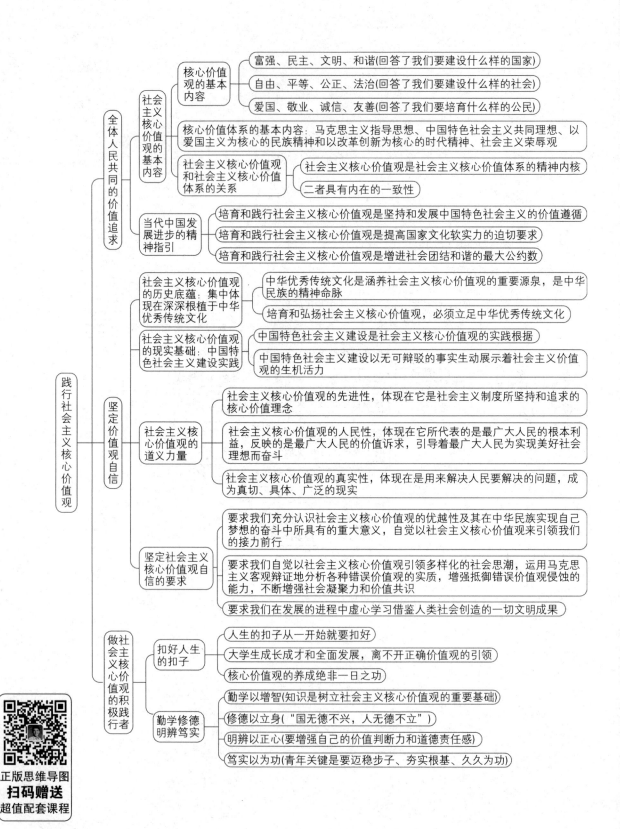

- 明大德守公德严私德
  - 道德及其变化发展
    - 什么是道德
      - 起源
        - 劳动是道德起源的首要前提
        - 社会关系是道德赖以产生的客观条件
        - 人的自我意识是道德产生的主观条件(道德属于上层建筑)
      - 本质
        - 道德是反映社会经济关系的特殊意识形态
        - 道德是社会利益关系的特殊调节方式
        - 道德是一种实践精神
    - 道德的功能与作用
      - 功能
        - 认识功能：道德反映社会关系特别是反映社会经济关系的功效与能力
        - 规范功能：在正确善恶观的指引下，规范社会成员在社会公共领域、职业领域、家庭领域的行为，并规范个人品德的养成，引导并促进人们崇德向善
        - 调节功能：道德通过评价等方式，指导和纠正人们的行为和实践活动，协调社会关系和人际关系的功效与能力
        - 导向功能、激励功能等
      - 作用
        - 道德作用：道德功能的发挥和实现所产生的社会影响及实际效果
        - 道德作用的表现
          - 道德为经济基础的形成、巩固和发展服务，是一种重要的精神力量
          - 道德对其他社会意识形态的存在有着重大的影响
          - 道德通过调整人们之间的关系维护社会秩序和稳定
          - 道德是提高人的精神境界、促进人的自我完善、推动人的全面发展的内在动力
          - 在阶级社会中，道德是调节阶级矛盾和对立阶级之间开展阶级斗争的重要工具
        - 道德作用的性质
          - 道德发挥作用的性质与社会发展的不同历史阶段相联系
          - 道德发挥的作用由道德所反映的经济基础、代表的阶级利益所决定
    - 道德的变化发展
      - 发展过程
        - 每一个社会都有与其经济基础相适应的占统治地位的道德
        - 在同一社会形态中，不同的阶级或人群还会有不同的道德
        - 在阶级社会中，占社会统治地位的道德是统治阶级的道德，而同时存在着的其他阶级的道德则处于从属地位
      - 基本发展规律：与社会生产方式的发展进程大体一致(总趋势是向上的、前进的，表现为螺旋式上升、波浪式前进)
      - 道德进步的主要表现
        - 道德在社会生活中所起的作用越来越重要
        - 道德调控的范围不断扩大，手段不断丰富，更加合理
        - 道德的发展和进步成为衡量社会文明程度的重要尺度
  - 吸收借鉴优秀道德成果 ⊕
  - 遵守公民道德准则 ⊕
  - 向上向善、知行合一 ⊕

- 明大德守公德严私德
  - 道德及其变化发展 ⊕
  - 吸收借鉴优秀道德成果
    - 传承中华传统美德
      - 中华传统美德的基本精神
        - 重视整体利益，强调责任奉献
        - 推崇“仁爱”原则，注重以和为贵
        - 提倡人伦价值，重视道德义务
        - 追求精神境界，向往理想人格
        - 强调道德修养，注重道德践履
      - 中华传统美德的当代价值
        - 既可以为我们今天的道德建设提供有益启发，为治国理政提供有益启示
        - 也为解决当代人类面临的道德难题提供了重要启迪，也为当代大学生的成长提供了宝贵精神营养
      - 中华传统美德的创造性转化和创新性发展
        - 加强对中华传统美德的挖掘和阐发
        - 用中华传统美德滋养社会主义道德建设
    - 发扬中国革命道德
      - 中国革命道德的形成与发展
        - 中国的革命道德，是指中国共产党人、人民军队、一切先进分子和人民群众在中国新民主主义革命和社会主义革命、建设、改革中所形成的优秀道德，是马克思主义与中国革命、建设、改革的伟大实践相结合的产物，是中华民族极其宝贵的道德财富
        - 形成与发展
          - 萌芽于五四运动前后
          - 发端于中国共产党成立以后蓬勃发展的伟大工人运动和农民运动
          - 经过土地革命战争、抗日战争、解放战争以及社会主义革命、建设、改革的长期发展，逐渐形成并不断发扬光大
        - 弘扬中国革命道德
          - 中国共产党始终高度重视继承和发扬革命道德传统
          - 中国革命道德作为一种精神力量，从形成之日起，就对中国的革命、建设、改革事业发挥着极其重要的作用
          - 弘扬中国革命道德，要同弘扬中华传统美德相结合
      - 中国革命道德主要内容
        - 为实现社会主义和共产主义理想而奋斗
        - 全心全意为人民服务
        - 始终把革命利益放在首位
        - 树立社会新风，建立新型人际关系
        - 修身自律，保持节操
      - 中国革命道德的当代价值
        - 有利于加强和巩固社会主义和共产主义的理想信念
        - 有利于培育和践行社会主义核心价值观
        - 有利于引导人们树立正确的道德观
        - 有利于培育良好的社会道德风尚
    - 借鉴人类文明优秀道德成果
      - 必须秉承正确的态度和科学的方法
      - 要坚持以我为主、为我所用，批判继承其他国家的道德成果
  - 遵守公民道德准则 ⊕
  - 向上向善、知行合一 ⊕

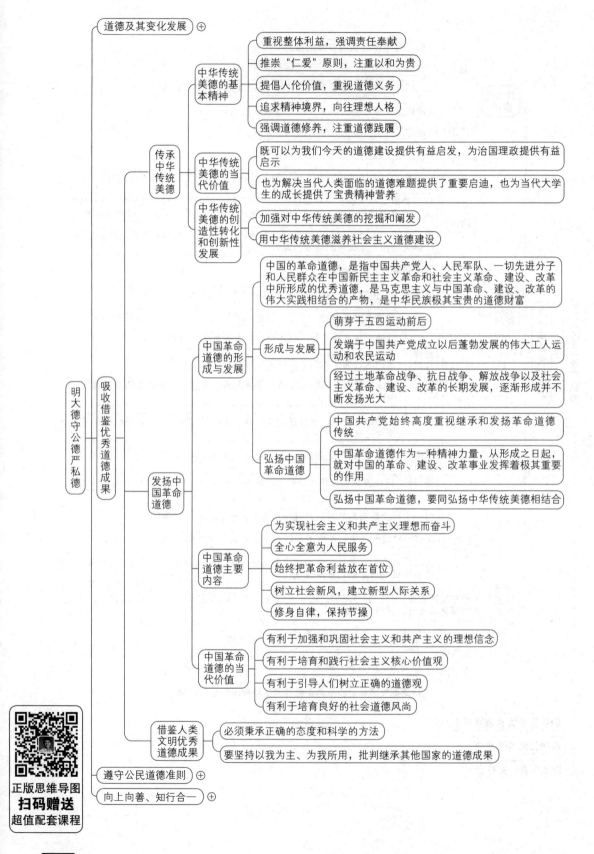

- 明大德守公德严私德
  - 道德及其变化发展 ⊕
  - 吸收借鉴优秀道德成果 ⊕
  - 遵守公民道德准则
    - 社会主义道德的核心和原则
      - 为人民服务是社会主义道德的核心（道德的核心问题：为什么人服务）
        - 为人民服务是社会主义道德核心的依据
          - 为人民服务是社会主义经济基础和人际关系的客观要求
          - 为人民服务是社会主义市场经济健康发展的要求
          - 为人民服务是先进性要求和广泛性要求的统一
        - 为人民服务作为社会主义道德的核心，是社会主义道德区别和优越于其他社会形态道德的显著标志
      - 集体主义是社会主义道德的原则
        - 集体主义已经成为调节国家利益、社会整体利益和个人利益关系的基本原则
        - 正确认识和处理国家利益、社会整体利益和个人利益的关系
          - 集体主义强调国家利益、社会整体利益和个人利益的辩证统一
          - 集体主义强调国家利益、社会整体利益高于个人利益
          - 集体主义重视和保障个人的正当利益
        - 在社会主义市场经济条件下，集体主义仍然而且应当成为社会主义道德的基本原则
        - 集体主义道德要求的三个层次
          - 无私奉献、一心为公(集体主义的最高层次)
          - 先公后私、先人后己(是已经具有较高社会主义道德觉悟的人能够达到的要求)
          - 顾全大局、遵纪守法、热爱祖国、诚实劳动(对公民最基本的道德要求)
    - 社会公德
      - 公共生活与公共秩序
        - 公共生活的特征
          - 活动范围的广泛性
          - 活动内容的开放性
          - 交往对象的复杂性
          - 活动方式的多样性
        - 公共生活需要公共秩序
          - 有序的公共生活是社会生产活动的重要基础
          - 有序的公共生活是提高社会成员生活质量的基本保障
          - 有序的公共生活是社会文明的重要标志
      - 公共生活中的道德规范(社会公德)
        - 社会公德，是指人们在社会交往和公共生活中应该遵守的行为准则
        - 社会公德的主要内容
          - 文明礼貌(调整和规范人际关系的行为准则)
          - 助人为乐
          - 爱护公物(是每个公民应该承担的社会责任和义务，也是社会文明水平的重要标志)
          - 保护环境
          - 遵纪守法(是全体公民都必须遵循的基本行为准则，是维护公共生活秩序的重要条件)
      - 网络生活中的道德要求
        - 正确使用网络工具
        - 健康进行网络交往
        - 自觉避免沉迷网络
        - 加强网络道德自律
        - 积极引导网络舆论
    - 职业道德 ⊕
    - 家庭美德 ⊕
    - 个人品德 ⊕
  - 向上向善、知行合一 ⊕

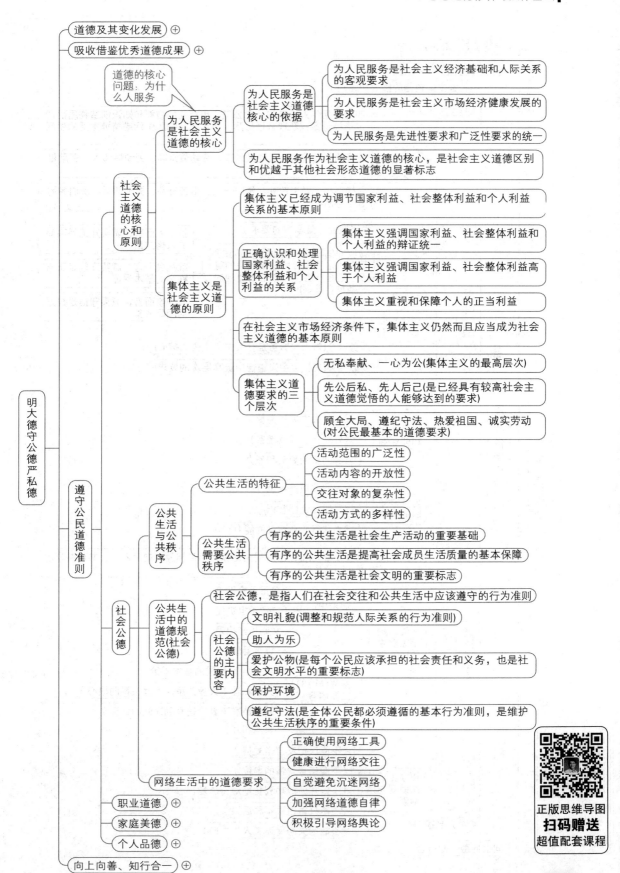

- 明大德守公德严私德
  - 道德及其变化发展 ⊕
  - 吸收借鉴优秀道德成果 ⊕
  - 遵守公民道德准则
    - 社会主义道德的核心和原则 ⊕
    - 社会公德 ⊕
    - 职业道德
      - 职业生活与劳动观念
        - 职业生活：人们参与社会分工，用专业的技能和知识创造物质财富或精神财富，获取合理报酬，丰富社会物质生活或精神生活的生活方式
        - 正确的劳动观念：劳动最光荣、劳动最崇高、劳动最伟大、劳动最美丽
        - 劳模精神：爱岗敬业、争创一流、艰苦奋斗、勇于创新、淡泊名利、甘于奉献
      - 职业生活中的道德规范
        - 爱岗敬业（最基本的要求）
        - 诚实守信(即是中华民族的传统美德，也是我国公民道德建设的重点，还是社会主义核心价值观的一条重要准则)
          - 就个人而言，诚实守信是高尚的人格力量
          - 就社会而言，诚实守信是正常秩序的基本保证
          - 就国家而言，诚实守信是良好的国际形象
        - 办事公道
        - 服务群众(为人民服务是社会主义道德的核心)
        - 奉献社会(是社会主义道德中最高层次的要求)
      - 树立正确的择业观和创业观
        - 树立崇高的职业理想
        - 服从社会发展的需要
        - 做好充分的择业准备
        - 培养创业的勇气和能力
      - 自觉遵守职业道德
        - 学习职业道德规范
        - 提高职业道德意识
        - 提高践行职业道德的能力
    - 家庭美德
      - 注重家庭、家教、家风(推动形成爱国爱家、相亲相爱、向上向善、共建共享的社会主义家庭文明新风尚)
      - 恋爱、婚姻家庭中的道德规范
        - 恋爱中的道德规范
          - 尊重人格平等
          - 自觉承担责任
          - 文明相亲相爱
        - 家庭美德的主要内容
          - 尊老爱幼
          - 男女平等(我国的基本国策)
          - 夫妻和睦（夫妻关系是家庭关系的核心）
          - 勤俭持家（勤俭是家庭兴旺的保证）
          - 邻里和睦
      - 树立正确的恋爱观与婚姻观
        - 不能误把友谊当爱情
        - 不能错置爱情的地位
        - 不能片面或功利化地对待恋爱
        - 不能只重过程不顾后果
        - 不能因失恋而迷失人生方向
    - 个人品德 ⊕
  - 向上向善、知行合一 ⊕

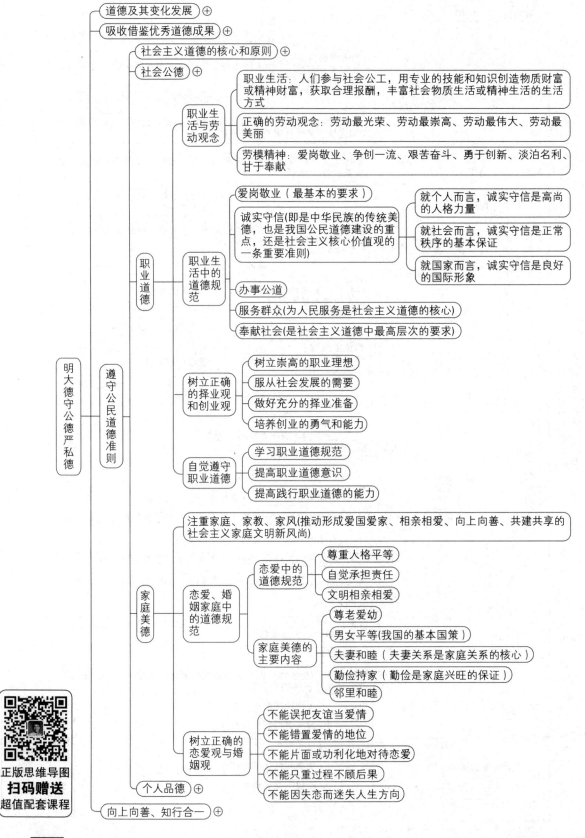

- 明大德守公德严私德
  - 道德及其变化发展 ⊕
  - 吸收借鉴优秀道德成果 ⊕
  - 遵守公民道德准则
    - 社会主义道德的核心和原则 ⊕
    - 社会公德 ⊕
    - 职业道德 ⊕
    - 家庭美德 ⊕
    - 个人品德
      - 个人品德及其作用
        - 个人品德的含义：通过社会道德教育和个人自觉的道德修养所形成的稳定的心理状态和行为习惯
        - 个人品德的作用
          - 个人品德是道德和法律作用发挥的推动力量
          - 个人品德是个体人格完善的重要标志
          - 个人品德是经济社会发展过程中重要的主体精神力量
      - 掌握道德修养的正确方法
        - 学思并重
        - 省察克治
        - 慎独自律
        - 知行合一
        - 积善成德
      - 锤炼高尚道德品格
        - 形成正确的道德认知和道德判断
        - 激发正向的道德认同和道德情感
        - 强化坚定的道德意志和道德信念
  - 向上向善、知行合一
    - 向道德模范学习
      - 道德模范：思想和行为能够激励人们不断向善且为人们所崇敬、模仿的先进人物
      - 学习原因
        - 学习道德模范的高尚品格和先进事迹，有利于提升全体社会成员的道德素质和社会整体道德水平
        - 尊崇道德模范、学习道德模范，是时代的呼声、是群众的心声。道德模范是群众身边看得见、摸得着的榜样，是可以学、能够学的标杆
    - 参与志愿服务活动
      - 志愿服务是培育和弘扬社会主义核心价值观的重要载体
      - 志愿服务的精神：奉献(是志愿服务精神的精髓)、友爱、互助、进步
      - 大学生积极投身志愿活动
        - 到最需要的地方去
        - 帮助弱势群体
        - 做力所能及的事
    - 引领社会风尚：知荣耻、讲正气、作奉献、促和谐 ⊕

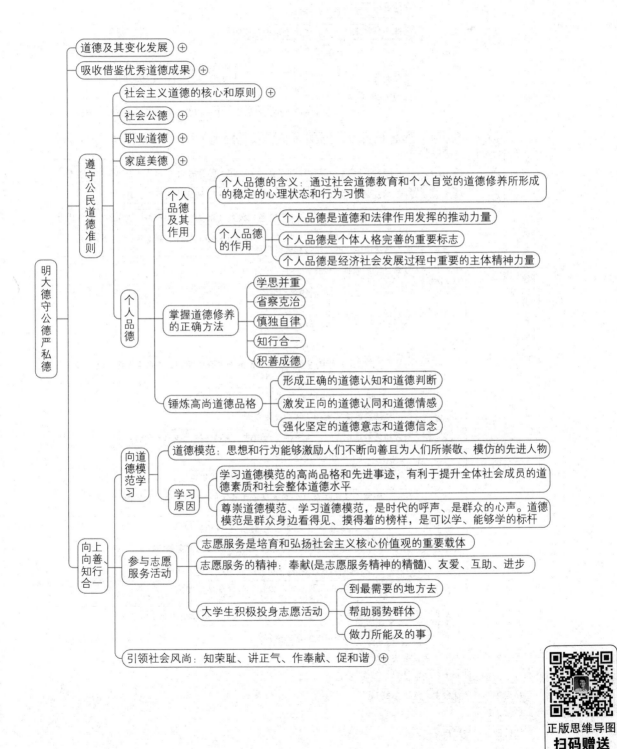

- 尊法学法守法用法
  - 社会主义法律的特征和运行
    - 法律及其历史发展
      - 法律的含义
        - 法律是由国家创制和实施的行为规范
        - 法律由一定的社会物质生活条件所决定
        - 法律是统治阶级意志的体现
      - 法律的历史发展
        - 法律不是从来就有的，也不是永恒存在的
        - 法律的四种历史演进与发展
          - 奴隶制法律
          - 封建制法律
          - 资本主义法律
            - （奴隶制法律、封建制法律、资本主义法律）都是建立在私有制经济基础上的剥削阶级类型法律
          - 社会主义法律（是人类历史上唯一以公有制为基础的新型法律制度）
    - 我国社会主义法律的本质特征
      - 我国社会主义法律的本质：是中国特色社会主义制度的重要组成部分，是党领导人民当家作主的制度保障
      - 我国社会主义法律本质特征的具体内容
        - 我国社会主义法律体现了党的主张和人民意志的统一(从法律体现的意志看)
        - 我国社会主义法律具有科学性和先进性(从法律的实质内容看)
        - 我国社会主义法律是中国特色社会主义建设的重要保障(从法律的社会作用看)
    - 我国社会主义法律的运行
      - 法律制定(立法)
        - 法律制定：有立法权的国家机关，依照法定职权和程序、制定规范性法律文件的活动，是法律运行的起始性和关键性环节
        - 立法活动的原则：公正、公平、公开
        - 立法活动的程序
          - 法律案的提出
          - 法律案的审议
          - 法律案的表决
          - 法律的公布
      - 法律执行(执法)
        - 含义
          - 广义上是指国家机关及其公职人员，在国家和公共事务管理中依照法定职序，贯彻和实施法律的活动
          - 狭义上是指国家行政机关执行法律的活动
        - 行政执法是法律实施和实现的重要原则
        - 行政执法的基本原则：合法性、合理性、信赖保护、效率
        - 行政执法的主体
          - 中央和各级政府
          - 各级政府中享有执法权的下属行政机构
      - 法律适用(司法)
        - 含义：国家司法机关及其公职人员依照法定职权和程序适用法律处理案件的专门活动
        - 司法机关
          - 国家审判机关(即人民法院，行使审判权)
          - 国家检察机关(即人民检察院，行使法律监督权)
        - 司法的基本要求和原则
          - 司法的基本要求：正确、合法、合理、及时
          - 司法的原则：司法公正；公民在法律面前一律平等；以事实为依据；以法律为准绳；司法机关依法独立，公正行使司法权等
      - 法律遵守(守法)
        - 依法办事的两层含义：依法享有并行使权利；依法承担并履行义务
        - 守法是法律实施和实现的基本途径
  - 以宪法为核心的中国特色社会主义法律体系 ⊕
  - 建设中国特色社会主义法治体系 ⊕
  - 坚持走中国特色社会主义法治道路 ⊕
  - 培养法治思维 ⊕
  - 依法行使权利与履行义务 ⊕

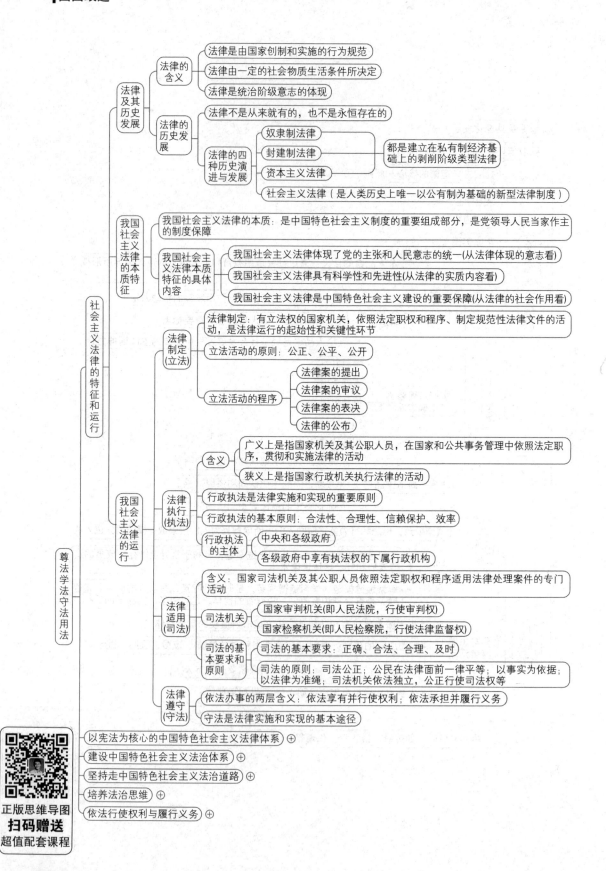

- 尊法学法守法用法
  - 社会主义法律的特征和运行 ⊕
  - 以宪法为核心的中国特色社会主义法律体系
    - 宪法是国家的根本法
      - 我国宪法的形成与发展
        - 我国宪法的不断完善发展：我国宪法是治国理政的总章程，必须体现党和人民事业的历史进步，必须随着党领导人民建设中国特色社会主义实践的发展而不断完善发展
        - 党领导的宪法建设史提供的启示
          - 制定和实施宪法，推进依法治国，建设法治国家，是实现国家富强、民族振兴、社会进步、人民幸福的必然要求
          - 我国现行宪法是在深刻总结我国社会主义革命、建设、改革的成功经验基础上制定和不断完善的，是党领导人民长期奋斗的历史逻辑、理论逻辑、实践逻辑的必然结果
          - 只有中国共产党才能坚持立党为公、执政为民，充分发扬民主，领导人民制定出体现人民意志的宪法，领导人民实施宪法
          - 党高度重视发挥宪法在治国理政中的重要作用，坚定维护宪法尊严和权威，推动宪法完善和发展(这是我国宪法保持生机活力的原因所在)
      - 我国宪法的地位
        - 宪法至上地位主要体现
          - 特有作用：我国宪法是国家的根本法，是治国安邦的总章程，是党和人民意志的集中体现
          - 特有效力：我国宪法是国家各项制度和法律法规的总依据
          - 特有内容：我国宪法规定了国家的根本制度
        - 宪法的生命在于实施，宪法的权威也在于实施
      - 我国宪法的基本原则
        - 党的领导原则(党的领导是人民当家作主的根本保证，是中国特色社会主义最本质的特征，是中国特色社会主义制度最大优势)
        - 人民主权原则(在我国，人民当家作主是社会主义民主政治的本质和核心)
        - 尊重和保障人权原则(要求坚持宪法法律至上、法律面前人人平等，推进国家各项工作法治化，维护社会公平正义，维护社会主义法制的统一、尊严、权威)
        - 社会主义法治原则
        - 民主集中制原则(是集中全党全国人民集体智慧，实现科学决策、民主决策的基本原则和主要途径)
      - 我国宪法确立的制度
        - 国体和根本政治制度
          - 国体：人民民主专政
          - 政体：人民代表大会制度(是我国的根本政治制度)
          - 国体决定政体，政体体现国体
        - 基本政治制度
          - 中国共产党领导的多党合作和政治协商制度
            - 反映了共产党和各民主党派长期共存、互相监督、肝胆相照、荣辱与共的关系
            - 共产党领导、多党派合作，共产党执政，多党派参政
          - 民族区域自治制度
          - 基层群众自治制度
            - 实行自我管理、自我服务、自我教育、自我监督
            - 是人民当家作主最有效、最广泛的途径
        - 基本经济制度
          - 以公有制为主体，多种所有制经济共同发展的所有制制度
          - 以按劳分配为主体，多种分配方式并存的分配制度
          - 社会主义市场经济体制
    - 我国的实体法律部门 ⊕
    - 我国的程序法律部门 ⊕
  - 建设中国特色社会主义法治体系 ⊕
  - 坚持走中国特色社会主义法治道路 ⊕
  - 培养法治思维 ⊕
  - 依法行使权利与履行义务 ⊕

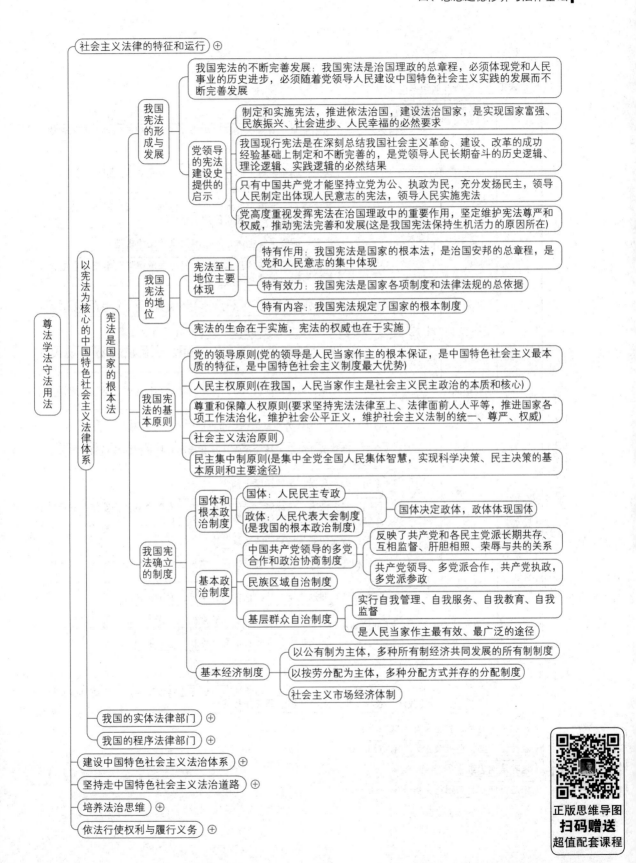

- 尊法学法守法用法
  - 社会主义法律的特征和运行 ⊕
  - 以宪法为核心的中国特色社会主义法律体系
    - 宪法是国家的根本法 ⊕
    - 我国的实体法律部门
      - 宪法相关法：与宪法相配套、直接保障宪法实施和国家政权运作等方面的法律规范
      - 民法商法
        - 民法
          - 含义：调整平等主体的自然人、法人和非法人组织之间的人身关系和财产关系的法律规范
          - 基本原则：民事主体地位平等、自愿、公平、诚信、公序良俗、有利于节约资源和保护生态环境
        - 商法
          - 含义：调整平等主体之间商事关系的法律规范
          - 原则：遵循民法的基本原则，同时秉承保障商事交易自由、等价有偿、便捷安全等原则
      - 行政法
        - 含义：关于行政权的授予、行政权的行使以及对行政权监督的法律规范
        - 基本原则：职权法定、程序法定、公正公开、有效监督
        - 制定的目的：既保障行政机关依法行使职权，又注重保障公民、法人和其他组织的权利
      - 经济法
        - 含义：国家从社会整体利益出发，对经济活动实行干预、管理或者调控的法律规范
        - 目的：防止市场经济的自发性和盲目性所导致的弊端
      - 社会法
        - 含义：调整劳动关系、社会保障、社会福利和特殊群体权益保障等方面的法律规范
        - 原则：公平和谐、国家适度干预
        - 目的：对劳动者、失业者、丧失劳动能力的人以及其他需要扶助的特殊人群的权益提供必要的保障，维护社会公平正义
      - 刑法
        - 含义：规定犯罪与刑罚的法律规范
        - 目的和任务：惩罚犯罪，保护人民，维护社会秩序和公共安全，保障国家安全
        - 基本原则：罪刑法定、法律面前人人平等、罪刑相适应
        - 刑罚种类
          - 主刑：管制、拘役、有期徒刑、无期徒刑、死刑
          - 附加刑：罚金、剥夺政治权利、没收财产
    - 我国的程序法律部门
      - 诉讼法：刑事诉讼法、民事诉讼法、行政诉讼法
      - 非诉讼法：仲裁法、人民调节法、引渡法、海事诉讼特别程序法、劳动争议调解仲裁法、农村土地承包经营纠纷调解仲裁法等
  - 建设中国特色社会主义法治体系 ⊕
  - 坚持走中国特色社会主义法治道路 ⊕
  - 培养法治思维 ⊕
  - 依法行使权利与履行义务 ⊕

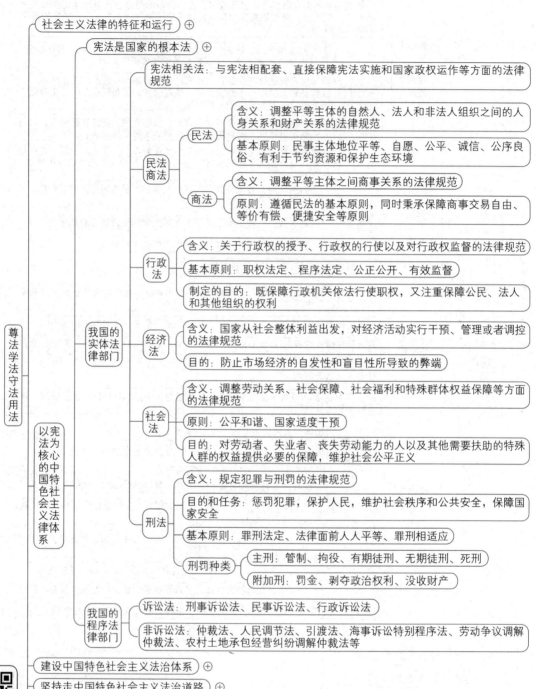

- 尊法学法守法用法
  - 社会主义法律的特征和运行 ⊕
  - 以宪法为核心的中国特色社会主义法律体系 ⊕
  - 建设中国特色社会主义法治体系
    - 建设中国特色社会主义法治体系的重大意义
      - 建设中国特色社会主义法治体系是中国特色社会主义的本质要求和重要保障
      - 建设中国特色社会主义法治体系是推进国家治理体系和治理能力现代化的重要举措
      - 建设中国特色社会主义法治体系是全面依法治国的总抓手
    - 建设中国特色社会主义法治体系的主要内容
      - 完善的法律规范体系
      - 高效的法治实施体系
      - 严密的法治监督体系
      - 有力的法治保障体系
      - 完善的党内法规体系
    - 全面依法治国的基本格局
      - 科学立法
        - 重要性：法律是治国之重器，立法是法治的龙头环节
        - 目标：完善以宪法为核心的中国特色社会主义法律体系，加强宪法实施
      - 严格执法
        - 重要性：法律的生命力在于实施，法律的权威也在于实施
        - 目标：深入推进依法行政，加快建设法治政府
      - 公正司法
        - 重要性：公正是法治的生命线，是司法活动最高的价值追求
        - 要求
          - 要保证公正司法，提高司法公信力，努力让人民群众让每个司法案件中都能感受到公平正义
          - 要优化司法职权配置
          - 要坚持严格司法
          - 要保障人民群众参与司法
          - 要加强人权司法保障，强化诉讼权利保障，健全落实罪刑法定、疑罪从无和非法证据排除等法律原则的法律制度
          - 加强对司法活动的监督，完善人民监督员制度
      - 全民守法
        - 重要性：法律的权威源自人民的内心拥护和真诚信仰
        - 目标：增强全民法治观念，推进法治社会建设
  - 坚持走中国特色社会主义法治道路 ⊕
  - 培养法治思维 ⊕
  - 依法行使权利与履行义务 ⊕

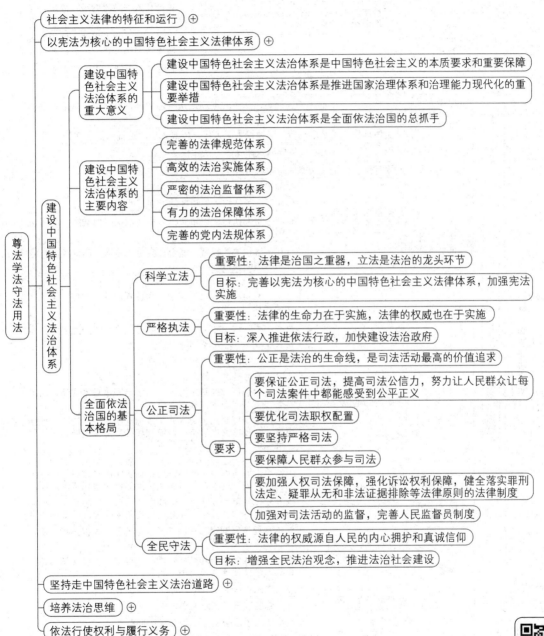

- 尊法学法守法用法
  - 社会主义法律的特征和运行 ⊕
  - 以宪法为核心的中国特色社会主义法律体系 ⊕
  - 建设中国特色社会主义法治体系 ⊕
  - 坚持走中国特色社会主义法治道路
    - 坚持中国共产党的领导
      - 党的领导是中国特色社会主义最本质的特征，是社会主义法治最根本的保证
        - 社会主义法治必须坚持党的领导，党的领导必须依靠社会主义法治
        - 法是党的主张和人民意愿的统一体现，党和法、党的领导和依法治国是高度统一的
        - 坚持党的领导，是社会主义法治的根本要求，是全面依法治国的题中应有之义
      - 坚持党的领导的具体体现：党领导立法，保证执法，支持司法，带头守法
    - 坚持人民主体地位
      - 坚持人民主体地位是依法治国的基本原则
      - 坚持人民主体地位的要求
        - 必须把人民当家作主贯彻到依法治国的全过程之中，保证人民的广泛参与
        - 必须坚持法治建设为了人民、依靠人民、造福人民、保护人民
        - 人民权益要靠法律保障，法律权威要靠人民维护
    - 坚持法律面前人人平等
      - 平等是社会主义法律的基本属性，是社会主义法治的基本要求
      - 坚持法律面前人人平等的意义
        - 有利于增强人民群众的主人翁意识和责任感
        - 有利于预防特权思想和各种潜规则的侵蚀
        - 有利于贯彻执行“以事实为依据、以法律为准绳”的司法原则
        - 有利于维护法律权威、健全社会主义法治，确保实现全面依法治国的总目标
      - 坚持法律面前人人平等的要求
        - 要求公民不分民族、种族、性别、职业、家庭出身、宗教信仰、教育程度、财产状况、居住期限等，都应当平等享受公民权利、平等履行公民义务
        - 要求违法必究，一切违反宪法法律的行为都必须予以追究
        - 要求非歧视，即无差别地对待
        - 要坚决反对特权思想和特权现象
    - 坚持依法治国和以德治国相结合
      - 正确认识法治和德治的地位
        - 法治和德治是治国理政不可或缺的两种方式
        - 法治是治国理政的基本方式，依法治国是基本方略，法治具有根本性、决定性和统一性
        - 德治是治国理政的重要方式，以德治国就是通过在全社会培育、弘扬社会主义核心价值观和社会主义道德，对不同人群提出有针对性的道德要求
      - 正确认识法治和德治的作用
        - 法治发挥作用要以国家强制力为后盾，主要依靠法律的预测作用、惩罚作用、威慑作用和预防作用对公民和社会组织的行为进行约束，并对违反法律的行为追究法律责任
        - 德治发挥作用主要通过人们的内心信念、传统习俗、社会舆论等进行道德教化，并对违反道德的行为进行道德谴责
      - 正确认识法治和德治的实现途径
        - 法治主要依靠制定和实施法律规范的形式来推进和实施，实行法有禁止不得为，体现的是规则之治
        - 德治主要依靠培育和弘扬道德等途径来推进和实施，道德是内心的法律，违反道德不可为
      - 推动法治和德治的相互促进
        - 强化道德对法治的支撑作用
        - 把道德要求贯彻到法治建设中
        - 运用法治手段解决道德领域突出问题
    - 坚持从中国实际出发
      - 走什么样的法治道路、建设什么样的法治体系，是由一个国家的基本国情决定的
      - 坚持从实际出发，就是要突出法治道路的中国特色、实践特色、时代特色
      - 坚持走中国特色社会主义法治道路，必须学习借鉴世界上优秀的法治文明成果
  - 培养法治思维 ⊕
  - 依法行使权利与履行义务 ⊕

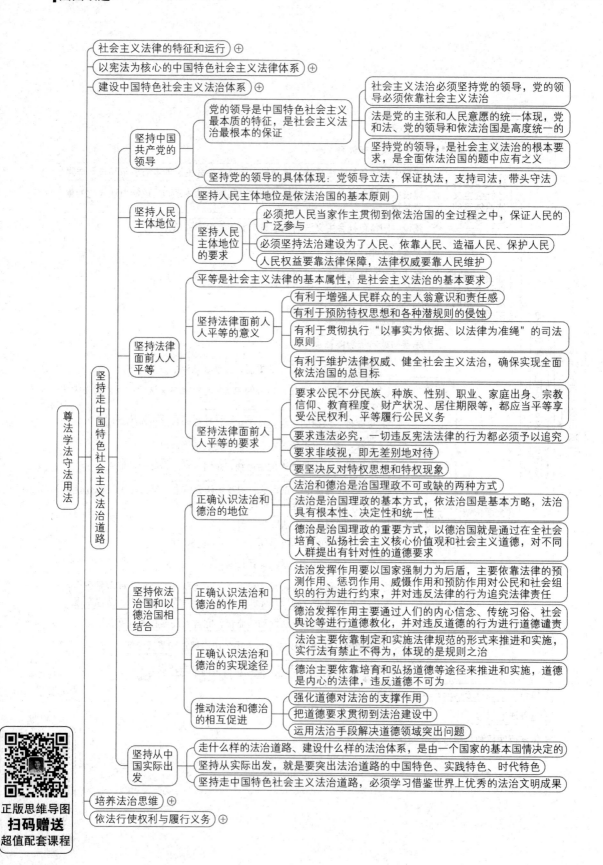

- 尊法学法守法用法
  - 社会主义法律的特征和运行 ⊕
  - 以宪法为核心的中国特色社会主义法律体系 ⊕
  - 建设中国特色社会主义法治体系 ⊕
  - 坚持走中国特色社会主义法治道路 ⊕
  - 培养法治思维
    - 法治思维及其内涵
      - 法治思维的含义与特征
        - 法治思维：以法治价值和法治精神为导向，运用法律原则、法律规则、法律方法思考和处理问题的思维模式
          - 法治思维是一种正当性思维
          - 法治思维是一种规范性思维
          - 法治思维是一种可靠的逻辑思维
          - 法治思维是一种符合规律、尊重事实的科学思维
        - 法治思维与人治思维的区别
          - 在依据上，法治思维认为国家的法律是治国理政的基本依据，而人治思维的本质是主张人高于法
          - 在方式上，法治思维坚持法律面前人人平等原则，而人治思维按照个人意志和感情进行治理
          - 在价值上，法治思维强调集中社会大众的意志来进行决策和判断，而人治思维是个人说了算的专断思维
          - 在标准上，法治思维与人治思维的分水岭在于最高的权威究竟是法律还是个人
      - 法治思维的基本内容
        - 法律至上：具体表现为法律的普遍适用性、优先适用性和不可违抗性
        - 权力制约：分为权力由法定、有权必有责、用权受监督、违法受追究四项要求
        - 公平正义：主要包括权利公平、机会公平、规则公平和救济公平
        - 权利保障：包括宪法保障(前提和基础)、立法保障(重要条件)、行政保护(关键环节)、司法保障(最后防线)
        - 正当程序：表现在程序的合法性、中立性、参与性、公开性、时限性等方面
    - 尊重和维护法律权威
      - 法律权威的含义
        - 法律权威：法律在社会生活中的作用力、影响力和公信力，是法律应有的尊严和生命
        - 法律是否具有权威取决于
          - 在国家和社会治理体系中的地位和作用
          - 法律本身的科学程度
          - 法律在实践中的实施程度
          - 法律被社会成员尊崇或信仰的程度
        - 我国宪法法律是党的主张和人民意志的统一体现，具有最高的权威
      - 尊重和维护法律权威的重要意义
        - 尊重和维护法律权威是社会主义法治观念的核心要求和建设社会主义法治国家的前提条件
        - 尊重和维护法律权威对于推进国家治理体系和治理能力现代化、实现国家的长治久安极为重要
        - 尊重和维护法律权威是实现人民意志、维护人民利益、保障人民权利的基本途径
        - 尊重和维护法律权威是维护个人合法权益的根本保障
      - 尊重和维护法律权威的基本要求：信仰法律；遵守法律；服从法律；维护法律
    - 怎样培养法治思维：学习法律知识；掌握法律方法；参与法律实践；养成守法习惯；守住法律底线
  - 依法行使权利与履行义务 ⊕

- 尊法学法守法用法
  - 社会主义法律的特征和运行 ⊕
  - 以宪法为核心的中国特色社会主义法律体系 ⊕
  - 建设中国特色社会主义法治体系 ⊕
  - 坚持走中国特色社会主义法治道路 ⊕
  - 培养法治思维 ⊕
  - 依法行使权利与履行义务
    - 法律权利与法律义务
      - 法律权利的含义与特征
        - 含义：是指反应一定的社会物质生活条件所制约的行为自由，是法律所允许的权利人为满足自己的利益而采取的、由其他人的法律义务所保证的法律手段
        - 特征
          - 法律权利的内容、种类和实现程度受社会物质生活条件的制约
          - 法律权利的内容、分配和实现方式因社会制度和国家法律的不同而存在差异
          - 法律权利不仅由法律规定或认可，而且受法律维护或保障，具有不可侵犯性
          - 法律权利必须依法行使，不能不择手段地行使法律权利
      - 法律义务的含义与特征
        - 含义：指反映一定的社会物质生活条件所制约的社会责任，是保障法律所规定的义务人应该按照权利人要求从事一定行为或不行为以满足权利人利益的法律手段
        - 履行法律义务的两种形式：作为(义务人实施积极的行为)；不作为(义务人不得实施某种行为)
        - 违反法律义务必须承担法律责任，包括民事责任、行政责任和刑事责任
        - 法律义务的特点
          - 法律义务是历史的
          - 法律义务源于现实需要
          - 法律义务必须依法设定
          - 法律义务可能发生变化
      - 法律权利与法律义务的关系
        - 辩证统一的关系
          - 法律权利和法律义务是相互依存的关系
          - 法律权利与法律义务是目的与手段的关系
          - 有些法律权利与法律义务具有复合性的关系，即一个行为可以同时是权利行为和义务行为
        - 法律权利与法律义务平等
          - 表现为法律面前人人平等，被确立为基本原则
          - 在法律权利和法律义务的具体设定上要平等
          - 权利与义务的实现要体现平等
        - 互利共赢：在法律权利与法律义务相一致的情况下，一个人无论是行使权利还是履行义务，实际上都是对自己有利的
    - 依法行使法律权利 ⊕
    - 依法履行法律义务 ⊕

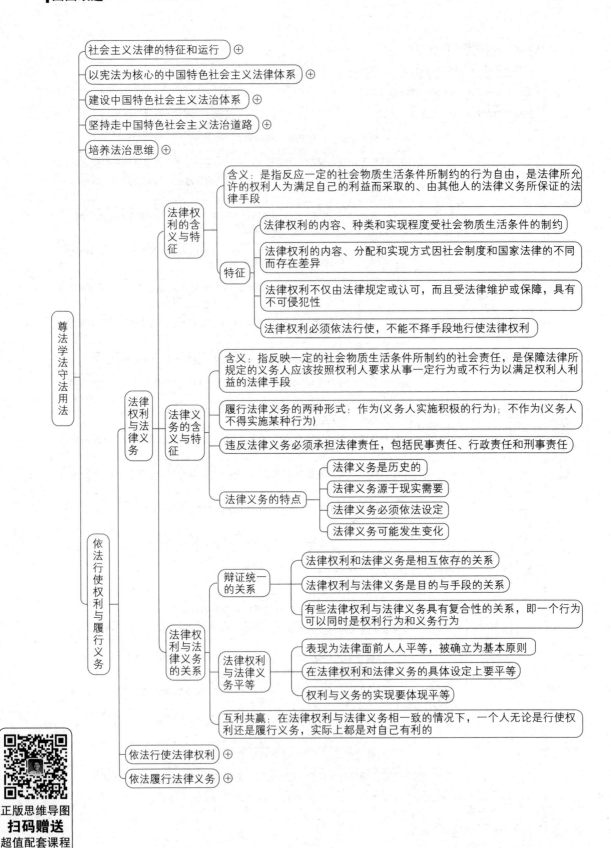

- 尊法学法守法用法
  - 社会主义法律的特征和运行 ⊕
  - 以宪法为核心的中国特色社会主义法律体系 ⊕
  - 建设中国特色社会主义法治体系 ⊕
  - 坚持走中国特色社会主义法治道路 ⊕
  - 培养法治思维 ⊕
  - 依法行使权利与履行义务
    - 法律权利与法律义务 ⊕
    - 依法行使法律权利
      - 我国宪法法律规定的基本权利
        - 政治权利
          - 含义：是公民参与国家政治活动的权利和自由的统称
          - 内容：选举权利(选举权与被选举权)、表达权、民主管理权、监督权
        - 人身权利
          - 含义：是指公民的人身不受非法侵犯的权利
          - 内容：生命健康权、人身自由权、人格尊严权、住宅安全权、通信自由权
        - 财产权利
          - 含义：是指公民、法人或其他组织通过劳动或其他合法方式取得财产和占有、使用、收益、处分财产的权利
          - 内容：私有财产权、继承权
        - 社会经济权利
          - 含义：是指公民要求国家根据社会经济的发展状况，积极采取措施干预社会经济生活，加强社会建设，提供社会服务，以促进公民的自由和幸福，保障公民过上健康而有尊严的生活的权利
          - 内容：劳动权(公民赖以生存的基础)、休息权(劳动权存在和发展的基础）、社会保障权、物质帮助权
        - 宗教信仰及文化权利
          - 含义：是指公民依法享有的与宗教信仰活动和文化生活相关联的自由和权利的总称
          - 宗教信仰自由的具体内容
            - 信仰宗教的自由
            - 从事宗教活动的自由
            - 举行或参加宗教仪式的自由
          - 文化教育权
            - 个人的文化权利
            - 集体的文化权利
      - 行使法律权利的界限
        - 行使权利要符合权利行使的目的
        - 行使权利要符合权利行使的限度
        - 行使权利要符合权利行使的方式
        - 行使权利要符合权利行使的程序
    - 依法履行法律义务
      - 法律权利的行使必须伴随着法律义务的履行
      - 义务法定
        - 义务的设定必须有法律依据
        - 法定的义务应当被履行
      - 公民应履行的基本法律义务
        - 维护国家统一和民族团结
        - 遵守宪法和法律
        - 维护祖国安全、荣誉和利益
        - 依法服兵役
        - 依法纳税
      - 违反法定义务应当承担的法定责任
        - 民事责任
        - 行政责任
        - 刑事责任

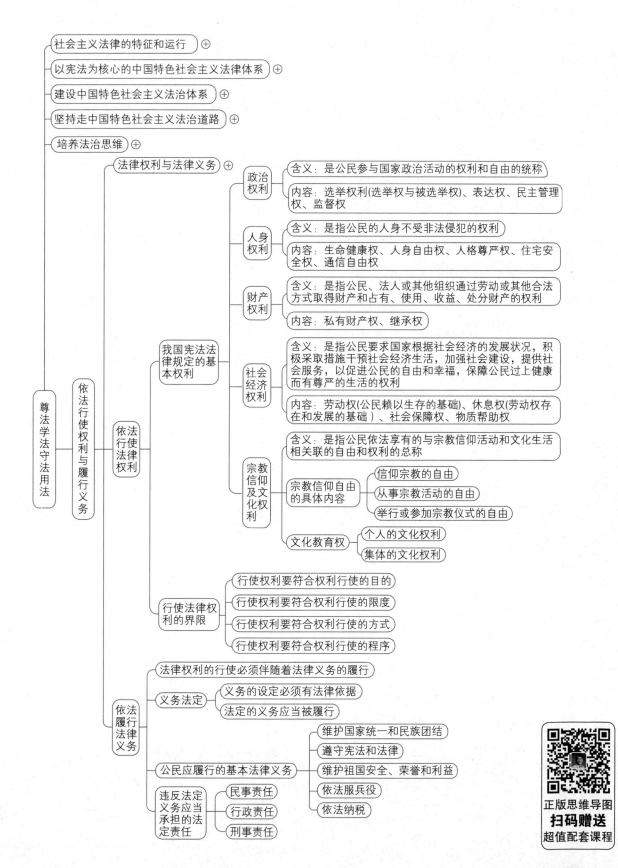